出口汪の大人の語彙力トレーニング

水王舎

はじめに

　語彙力——社会人なら誰もがその必要性を実感しているし、また同時にどうすれば身につくのか、頭を痛めている人が多いと思います。

　難漢字の読み方が分からず恥をかいたり、ビジネスシーンで乱発されるカタカナ語が理解できず、相手に下に見られたりと、語彙力の無さを痛感する場面も一度や二度ではないはずです。第一語彙力が豊富な人は教養があり、知的で、仕事ができる人に見られがちだし、逆に幼稚な言葉しか知らない人は幼稚な思考しかできないように思われてしまいます。

　今やネット全盛で、誰もがブログ、フェイスブックなど、不特定多数に情報を発信する時代となりました。たとえどれほど社会的地位が高い人でも、間違った言葉の使い方をしたまま情報発信をしたなら、数多くの人たちに無知をさらけ出すことになります。誰も面と向かって、語彙の間違いを指摘はしてくれません。

　そこで本書はビジネスマンに必要な語彙を厳選し、最もわかりやすく解説しようと心がけました。まさに「本当に役に立つ」一冊となった

と自負しています。そのために、四コママンガや数多くの図を挿入し、各章の終わりには「おさらいテスト」を付けました。「ひとことメモ」を読むことで、語彙の面白さを知ると同時に、さらに語彙を増やしていってください。一つの語彙を知ることで、それに関連する語彙も自然と増えるような工夫をしています。

　パート１では、間違いやすい慣用表現を取り上げました。うっかり誤用してしまうと、とんでもない事態を引き起こすこともあるのです。

　パート２では、ビジネスなどでよく使われるが、意外と読み方が分からない語彙を集めました。

　パート３では、上司や取引相手との会話で必要な敬語表現を取り上げました。正確で、丁寧な敬語表現を使うだけで、相手の印象はかなり違うものです。

　パート４では、現代において必須のカタカナ語です。最後に「語彙力テスト」を付けましたので、ぜひ挑戦してくださいね。

　　　　　　　　　　　　　　出口　汪

「語彙力」が不足していませんか？

シーン1

上司「得意先を接待したいので、料亭○○○にキミを含めて4名の予約を入れておいてくれ。」

部下「ありがとうございました。あの料亭は、私には敷居が高い店なので、この機会にぜひ堪能したいです。」

上司「ん、キミは料亭○○○に何か不義理をしたのかね？」

部下「いえ、一度も行ったことはありません。でも、○○○のご主人は、気に入らない客を入店禁止にするような、ずいぶん破天荒な人らしいので、余計に敷居が高く感じられて。」

→正しい表現を知りたい人はパート1へ

ここで紹介するのは、ビジネスの現場で頻繁に登場する言葉の誤用例です。次のシーンに心当たりのある人は、ぜひ本書に目を通しましょう。

シーン2

後輩「先輩が企画会議で提案したアイデア、ぼんよう性が高くて感心しましたよ。」

先輩「ん、凡庸性が高い？ 平凡ということか……。それ、俺に対する皮肉か？」

後輩「え？ いや、皮肉ではなく、先輩の物事の本質を鋭く見抜くすいがんは見事だと、称賛しているんです。」

先輩「ん、すいがんって何だ？ おまえの日本語、大丈夫か？」

→正しい漢字が知りたい人は<u>パート2</u>へ

シーン3

上司「私は海外出張から戻ったばかりだが、キミが担当している○○プロジェクトの進捗を報告してくれたまえ。」

部下「部長、ご苦労様です。ご出張帰りですが、お時間よろしかったでしょうか？」

上司「ああ、今聞くよ。キミは優秀だから心配していないけどね。」

部下「ぶ、部長、私が優秀だなんて、とんでもございません！」

上司「あれ、キミ、優秀じゃなかったけな……。」

→敬語がどう間違っているかを知りたい人はパート3へ

シーン4

上司「キミが提案した企画で本当に売上が伸びるかなぁ?」

部下「はい、私の企画はインセンティブが豊富で、得意先に提供できるプライオリティも高いので大丈夫ですよ。」

上司「ん、私にはキミが何を言っているのか、まったく理解できないんだけど……。」

部下「ご心配なく。同時に弊社のソリューションをも解決できる企画になっていますから。」

上司「なんとなくで、カタカナ語を使うな!」

→カタカナ語の正しい使い方を知りたい人はパート4へ

もくじ

2	はじめに
4	「語彙力」が不足していませんか？

パート1　その表現、間違っています！

16	〈マンガ〉それ、使い方間違ってませんか？
17	誤用に気づくことが大事
18	「役不足」で足りないのは力量？ それとも役目？
20	誰のためになる？「情けは人のためならず」
22	汚名は「返上」するものか、「挽回」するものか？
24	「やぶさかではない」は、積極的？ 消極的？
26	自分には不相応だから「敷居が高い」は間違い
28	どうなった状態が「煮詰まる」なのか？
30	疑ってかかるのは「うがった見方」ではない
32	話の「さわり」は導入部分ではなかった！
34	若い人を表現する「弱冠」は20歳だけ？
35	「破天荒」な人は必ずしも豪快ではない
36	意味が異なる「戦略」と「戦術」の使い分け
37	人事評価法の「絶対評価」と「相対評価」の違いは？
38	前後が入れ替わると意味が変わる「理論」と「論理」
39	すべからくは「全部」という意味ではない
40	「理念」と「概念」は意味がぜんぜん違う？
41	「遺憾の意」は謝罪の言葉ではない？
42	「約30名ほどの〜」は重複表現なのでNG

43	「かねてより」は○、「従来より」は×
44	「〜は故障中」は誤用だが、「入院中」は誤用ではない
45	「効率」と「能率」の使い分けのコツは？
46	「優秀な学生を青田刈りする」は間違い！
47	「いみじくも」は、偶然にもという意味ではない？
48	采配は「振るう」ものではなく、「振る」もの
49	社員一同が集まったら、「一同に会する」？
50	『 』（二重カギカッコ）は文章のどこで使う？
51	「保証」「保障」「補償」、意味はぜんぜん違う
52	「海を臨む」は×、「海に臨む」は○
53	「進める」「薦める」「勧める」3つの使い分け
54	大地震の「大」の読みは「おお」か「だい」か？
55	「よしんば」≒「たとえば」その微妙な差は何？
56	みんな混同している「おざなり」と「なおざり」
57	「1時間弱」は、1時間より長い？それとも短い？
58	パート1　おさらいテスト
62	パート1　おさらいテストの答え

パート2　難読、読んどく？

64	〈マンガ〉読めないのかよ
65	漢字は難しいけど、怖くない
66	豪奢、瀟洒……難しい「しゃ」の字
68	読みが違うと意味も違う「追従」「利益」

70	「僭越」「恙なく」「餞」スピーチの難読語
72	文字も意味も混同しやすい「ざんじ」と「ぜんじ」
73	簡単だが間違えやすい「凡例」「汎用」
74	「どくだんじょう」は、じつは「どくせんじょう」
75	「かんかんごうごう」?「けんけんがくがく」?
76	「折衝」の「進捗」具合は? 読めないと意味不明
77	「破綻」「補填」会社の危機に見る経済用語
78	ブラックな難読語の読み方「隠匿」「改竄」「捏造」
79	読み方も意味も悩ましい「呵責」「忸怩」「慚愧」
80	ビジネス書類に頻出する「款」の読み方・使い方
81	契約時に注意したい「瑕疵」「罹災」の読みと意味
82	「人情」沙汰と聞こえるけれど情けはどこにもない
83	見るだけで「耗弱」しそうな医療用語の読み方
84	接待で恥をかかないために「相伴」「慧眼」を読む
85	書けない、読めない「熨斗」お祝いの品の難読語
86	日本人らしい表現「含羞」「逡巡」「婉曲」
87	女性の個性を表す「御侠」「御転婆」とは?
88	悪いヤツに使う「籠絡」と「奸計」
89	やっかいな人を評するときに使う難読語
90	「貶める」「騙る」「唆す」負のイメージの動詞たち
91	「強ち」「徐に」「専ら」難読接続詞・副詞の世界
92	「不撓不屈」「不惜身命」横綱昇進にみる難読語
94	東京・大阪の難読地名
96	北海道・東北の難読地名
98	関東の難読地名

100	中部の難読地名
102	近畿の難読地名
104	中国・四国の難読地名
106	九州・沖縄の難読地名
108	パート2　おさらいテスト
112	パート2　おさらいテストの答え

パート3　敬意のつもりが無礼……

114	〈マンガ〉「させていただく」はダメ!?
115	変化しつづける敬語の「今」
116	「お疲れ様です」「ご苦労様です」を言う相手
118	さん？ 役職名？ 呼び捨て？ 社員の呼び方の法則
120	使い分けたい「恐れ入ります」「申し訳ございません」
122	「させていただく」はどこまでOK？
124	「～のほう」「～から」マニュアル敬語に注意
126	「お世話様です」では敬意が低い
127	容認されつつある「お求めやすい」
128	自分の行為に「お」「ご」は必要？
129	もらう前に「つまらない」と言われても……
130	「とんでもございません」はとんでもない！
131	「どちら様」「どなた様」はなるべく使わない
132	あいまい表現の代表「結構」の正しい使い方
133	「了解しました」？「承知しました」？

134	「参考になりました」は目上に対して失礼か	
135	「なるほど」に敬意は込められていない	
136	「ご利用してください」? 尊敬が謙譲に	
138	「ご乗車できません」はいけません	
140	「きょう」→「本日」言い換えたい言葉たち	
142	「さ入れ」「れ足す」は敬語ではない	
143	クッション的効果のある「ませ」の使い方	
144	「よろしかったでしょうか」もちろん、よろしくない	
145	手紙で使える、格調高い敬語	
146	「社長様」「院長先生」どちらも過剰!?	
147	「言いたい放題」は「おっしゃりたい放題」?	
148	「休み」は頂戴しない、いただかない	
149	「お手つき」の際? 敬語の言い間違い	
150	パート3 おさらいテスト	
154	パート3 おさらいテストの答え	

パート4　ついていこうよカタカナ語

156	〈マンガ〉「デバイス」ってなんだ?	
157	カタカナ語の意味を知る	
158	もっていれば、効率よく運用したくなる「アセット」	
160	メンタルとは無関係の「ファンダメンタル」	
162	「ファンド」って金融商品? それとも運用ってこと?	

163	クラウド(雲)とは無関係の「クラウドファンディング」
164	「バジェット」は組むもの、そして使うもの
165	「フィー」はお金に関係する言葉だけど正確には?
166	ガバメントがわかれば「ガバナンス」もわかる
168	「インセンティブ」は、人をやる気にさせるエサ?
170	意味を理解して正しく使いたい「エビデンス」
172	これを得ないと物事が前進しない「コンセンサス」
174	高い、低いがある「プライオリティ」って何?
176	よく耳にする「タスク」って、いったいどんな仕事?
177	「サステナブル」は現代社会のキーワード?
178	「リテラシー」が欠けている人は良い仕事ができない?
179	経営者が好んで使う「コミット」って何?
180	「ナレッジ」は会社に蓄積されている?
181	「ソリューション」を提供するとはどういうこと?
182	潜水士の街ではない「ダイバーシティ」
183	政策も事業も「スキーム」がしっかりしていると安心
184	「オーソライズする」っていったい何をすること?
185	「冷やし中華はじめました」これも「ローンチ」?

186	コンピュータに欠かせない「デバイス」の意味は？
187	「ウェアラブル」ってメガネや時計のこと？
188	会社は社会との「インターフェイス」？
189	環境への意識の高い企業が取り組んでいる「エネマネ」
190	「ノートパソコン」はじつは日本にしかない？
192	海外では「クレーム」と言っても通じない？
194	「トイレ」も「フロント」も外国人には通用しない？
196	アメリカで「アメリカンドッグ」は食べられない？
198	英語圏では「ワイシャツ」や「パーカー」は売っていない？
200	**パート4　おさらいテスト**
204	**パート4　おさらいテストの答え**
206	**最終テスト**
218	**最終テスト解答**
222	**参考文献**

企画・編集・ブックデザイン　**造事務所**
協力　青木ポンチ、倉田楽
マンガ　室木おすし
イラスト　イラストAC、Shutterstock / PROKOPEVA IRINA
図・DTP　伏田光宏

ビジネスでよく使われる慣用表現

それ、使い方間違ってませんか？

誤用に気づくことが大事

　言葉の意味を知らなかったり、取り違えて使っていたりすることから起こる「言い間違い」と「書き間違い」。

　言葉の誤用を指摘されるのは、社会人として恥ずかしいものです。それだけでなく、上司や部下、取引先との意思疎通がうまくいかず仕事でミスをくり返したり、相手を憤慨させてトラブルに発展したりするかもしれません。そうなれば、「仕事のできない人」とみなされてしまいます。

　そんな汚名を着せられないためには、まず誤用に気づかなければなりません。言葉の意味をきちんと理解し、それを正しく使うことが肝心です。

　本章では、ビジネスでよく使われる慣用表現や、使い分けの難しい漢字のうち、間違えやすいものを選んで説明していきます。正しい使い方を理解して、語彙力を高めていきましょう。

では、スタート！ ▶

「役不足」で足りないのは力量？ それとも役目？

● 「キミには役不足」はホメ言葉

　本来の意味とは逆に捉えられることが多い表現が「役不足」です。正しい意味は、**その人の力量に対して、与えられた役目が不相応に軽いこと**。ところが、「本人の力量に対して役目が重すぎること」と解釈している人が少なくありません。

　上司から「今の仕事内容は、キミには役不足だ。どうだ、新しい仕事に取り組まないか？」と声をかけられたら、あなたに対する評価が低く、「実力不足だから左遷する」と非難されているのではありません。反対に「キミの能力は高い。もっと実力を発揮できる仕事や役目があるはず」という意味。実力が高く評価されているので、むしろ喜ぶべきところです。

　こう言われたとき、謙遜の気持ちを伝えるのに最適な慣用句があります。自分の実力が不足しているという意味の**「力不足」**です。

　力不足は、その役目に実力が追いついていない場合に用います。「まだまだ力不足ですが、会社の期待にこたえられるよう努力します」と答えるとよいでしょう。

NG会話例:
- 課長が来期、営業部長に昇進するという噂があるけどホントかなあ?
- らしいね。あんなやる気のない人には、部長なんて役不足だと思うけどなあ。

役不足は役目より実力のほうが上

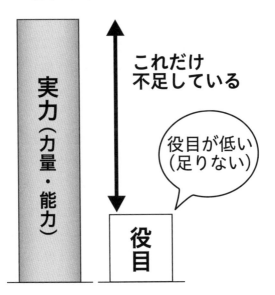

ひとことメモ

名前が立派すぎて、実力がそれにおよばないことを「名前負け」といいます。たとえば「技術開発室」という肩書きなのに、長期間、新しい技術を何ひとつ開発していない部署は、明らかに名前負けしています。

誰のためになる？
「情けは人のためならず」

●人に情けをかければ自分に良い報いがある

「情けは人のためならず」とは、あなたが人（相手）に情けをかければ、いずれ自分（あなた自身）によい報いが返ってくるのだから、**人には親切にするものだ**という意味です。

この慣用句は次のような論理で展開します。「（他）人のためではないのなら、いったい誰のためになるのか？」→「じつはめぐりめぐって自分のためになる」→「だから他人に親切にしよう」と、暗に勧めているわけです。

ところが、文末が「……ためならず」という否定形になっており、あとに続く「自分のためになる」が省略されているため、本来の意味とは逆に捉えている人が少なくありません。「情けをかけて甘やかすことになり、その人（相手）のためにならない」と誤って解釈されているのです。さらに「情けは人のためならず、だから困っている人を助ける必要などまったくない」といった具合に、強引な持論を展開する人もいます。いずれも誤りです。

ただ、誤用している人を声高に批判することは、自分のためになりません。ご注意を。

失敗して落ち込んでいる部下の力になってやりたいんだけど、どう思う?

いや、放っておこう。昔から「情けは人のためならず」というでしょ。

NG会話例

「情けは人のためならず」の構造

| 情けは他人のためになるのではない |

| では、誰のためになる? |

| (情けは、めぐりめぐって)最後は自分のためになる |

| だから、他人に情けをかけよう(親切にしよう) |

ひとことメモ

人は良い行いをすれば良い報いがあり、悪い行いをすれば悪い報いがあることを「因果応報」といいます。めぐりめぐって良い報いが自分に返ってくるという点は、「情けは人のためならず」と同じといえるでしょう。

汚名は「返上」するものか、「挽回」するものか？

● 汚名は「挽回」でなく「返上」しよう

　言い間違えるととんちんかんな意味になる言葉に、「汚名返上」と「汚名挽回」があります。正しくは**汚名返上**です。

　返上とは、返すこと、受け取らないこと。いっぽうの挽回とは、失ったものを取り戻すという意味です。

　たとえば、これまで大きなミスをしなかったあなたが仕事で大きな失敗をした結果、「彼はまったく仕事ができない」といった悪い評判が社内で広まったと仮定しましょう。

「汚名」はあなたにとって不名誉なことなので、挽回すべきではありません。信用を取り戻す良い仕事をして、できるだけ早く汚名を「返上」しましょう。

　では、どうして「汚名挽回」と言い間違えやすいのかといえば、「汚名」と「名誉」を取り違えているからです。失った名誉は取り戻すべきなので、**名誉挽回**が正しい使い方です。また、失った名誉や信用を取り戻すことを表す際、「名誉（信用）を回復する」ともいいます。

NG会話例

> 先日の飲み会で醜態をさらしたことでキミに対する会社の評価はガクンと下がった。

> 悪い評判が立っていることは耳にしています。仕事で必ず汚名挽回するよう努めます。

「返上」と「挽回」の違い

返上…(受け取ったものを)返す

挽回…(失ったものを)取り戻す

| 汚名 | → | 汚れた名前、つまり良くない
だから **返上** |

| 名誉 | → | ほまれ・高い評価、つまり良い
失ったら **挽回** |

ひとことメモ

「屈辱を晴らす」「疑惑を晴らす」を意味する表現の誤用で、「汚名を晴らす」という言い方がずいぶん広まっています。本来の用法は「汚名をすすぐ(そそぐ)」。これは「悪い評価を取り除く」という意味です。

「やぶさかではない」は、積極的？ 消極的？

● 「積極的に」「喜んで」というニュアンス

　商談や会議の際に使われることの多い「やぶさかではない」は、**肯定的・積極的な意思を表す言葉**です。「やぶさか」とは、「気が進まない」という意味。これを否定する表現なので、「**積極的に**」「**喜んで**」という意味になります。

　ですから、たとえば営業で出向いた企業の部長から「御社との取引にやぶさかではない」という返事があれば、「気乗りしないけど、仕方なく取引しよう」という意味ではなく、反対に「取引を積極的に進めよう」というニュアンスなので、手ごたえアリと考えましょう。

　親しい間柄や若者同士なら、相手から何かをしてほしいと依頼され、自分もやりたいと思えば、「大歓迎」「もちろんOK」といったストレートな表現で承諾の気持ちを伝えます。

　いっぽう、緊張感のある商談や会議の場では、感情を抑えつつ物事を円滑に進めるため、あえて「やぶさかではない」といった否定形の遠回しな表現を用いることがあります。とりわけ年配者は好んで使うので、意思疎通を図るうえで、意味を覚えておきましょう。

例のしつこい営業マンがいる会社に、備品を発注したのか？

ゴリ押しされたので、やぶさかではないと伝えておきました。

否定形の言葉に注意

| やぶさか | …気が進まない |

| やぶさか |「でない」≡ 気が進む、つまり喜んで、積極的に

<そのほかの例>

・憎からず思う ➡ 「憎い」を否定している、つまり好感が持てる

・非の打ち所の ➡ 「非を打つ（欠点を指摘する）」
　ない　　　　　を否定している、つまり少しも欠点がない

ひとことメモ

否定形でありながらポジティブな意味をもつ慣用句は少なくありません。たとえば「気が置けない」は、「気を置く」（気をつかう、遠慮するという意味）の否定形なので、「気配りする必要がない」「遠慮しない」という意味です。

自分には不相応だから「敷居が高い」は間違い

● 「迷惑をかけたから行きづらい」が正解

「敷居が高い」は、「**不義理をしたり、迷惑をかけたりしたことがあって会いづらい**」という場合に用いる言葉です。

たとえば、「在学中に心配をかけたのに、卒業以来一度も年賀状を出したこともない恩師の家の敷居は高い」「少なからず取引先に損害を与えたので、あいさつするにも敷居が高い」といった使い方をします。このふたつの例の場合、発言した者が「敷居が高い」と感じている理由は、「不義理を重ねてきたから」「迷惑をかけたことがあるから」です。

ところが、店が高級すぎたり、上品すぎたりして自分には不相応なので入りにくい、という状況を説明する際に「敷居が高い」を用いるケースが増えています。これは誤用です。

礼儀・作法が問われるパーティに誘われたとき、「マナーを知らないので、参加するのは気が引ける」と思うことはあるでしょう。でも、こうした心情を説明するとき「（パーティは私には）敷居が高い」を使うのはふさわしくないというわけです。

NG会話例

あの店は英国皇室ご用達の高級店なので、入るだけで緊張するよ。

店頭にガードマンが立っているようなショップは、敷居が高いよね。

「敷居が高い」と感じられる理由

← 敷居

敷居が高い（と感じる）

⬇ つまり

入りづらい

⬇ なぜなら

不義理や迷惑をかけたことで気が引ける

ひとことメモ

自分の立場や身に着けているものが不相応で気が引けるときに使う慣用句に「二の足を踏む」があります。「ためらう」「尻込みする」という意味です。体にまつわる言葉なら、足や尻のほかにも、腰を使った「腰が引ける」があります。

どうなった状態が「煮詰まる」なのか？

● **十分に議論して結論が出せる状態**

会議や話し合いでアイデアや討議・検討が出尽くし、**ようやく結論を出せる状態**になることを「煮詰まる」といいます。本来、**ポジティブな意味**の表現です。

ところが近年は、「煮詰まってしまって、良い解決策が浮かばない」のように、「行き詰まる」「八方ふさがり」「堂々めぐり」という意味で使う若い人が増えています。

煮詰まるという表現が、ぐつぐつとわきたつ鍋の中の水分が減って、料理が失敗しかかっているというネガティブなイメージにつながり、「結論が出せない状態」だと誤解されているのです。

言葉の意味は時代によって変化していくものなので、今後は「行き詰まる」「結論が出ない」といった意味で使われていく可能性は否定できません。

ただし、年配者が元気に働くビジネスの現場では、やはりポジティブな意味で使われることのほうが多くあります。世代間で意味の取り違えがないよう、注意すべき言葉ですね。

NG会話例

先輩、今日の会議で、みんなが納得する良い解決策が出ましたか？

あ〜、疲れた。議論が煮詰まっちゃって、結論は先延ばしになったよ。

「煮詰まる」の同義語と対義語

同義語

意見が出尽くす、論議が最終段階に達する、話し合いがまとまる

対義語

行き詰まる、停滞する、八方ふさがりになる、袋小路に入り込む、万策尽きる、手詰まりに陥る、打つ手がなくなる

ひとことメモ

「煮詰まる」は、煮物料理で食材に水分が染み込んで、料理が完成に近づいたという意味が転じた慣用句。いっぽう、「煮え切らない態度」は、まだ水分が染みこんでいない状態から、態度がはっきりしない状態を指します。

疑ってかかるのは「うがった見方」ではない

●「うがった見方」は物事の本質を捉えた見方

　上司から「キミはうがった見方のできる青年だ」と言われた場合、非難されていると捉える人は少なくないでしょう。じつは「うがった見方」とは、**物事の本質を捉えた見方**を表しています。

　ですから、上司から「うがった見方のできる」と声をかけてもらったら、本来の意味では「洞察力にすぐれた見方のできる人物」と高く評価されていることになります。

　いっぽう、「**うがちすぎ**」という表現もあります。これは、物事の本質を捉えようとするあまり、逆に本質からかけ離れてしまうことを表します。

「うがつ」は、「穴を掘る」「貫く」という意味。これが転じて「物事を深く掘り下げ、本質を捉える」の意味で使われるようなりました。

　ところが、「うがつ」や「うがった」という響きが「疑う」や「曲がった」と似ていることから、「うがった見方」を「疑ってかかる見方」「偏見に満ちた曲がった見方」というふうに誤用され、広まっていったのです。

キミの部署の新人山本クンは、聡明そうな青年に見えるが、実際はどうなの？

彼はひねくれていて、うがった見方をすることが多いので困っています。

「うがった見方」に代わる言葉と対義語

👁 言い換えができる言葉 👁

物事を深く掘り下げた見方
本質を突いた見方
真相を見抜ける視点
鋭い見方

👁 対義語 👁

表面的な見方
先入観に捉われた見方
近視眼的な見方
偏った見方
ひねくれた見方

ひとことメモ

「うがった見方」を否定的な意味だと捉えている人が増えています。そのため、本来の意味で使っても誤解され、言われた人が気持ちを害するかもしれません。ほめる際は、「キミは鋭い見方をするね」と言うほうが良いかもしれません。

話の「さわり」は導入部分ではなかった！

●最も重要な部分、つまり要点

「詳しい内容は報告書にまとめてもらうとして、先方の言い分のさわりだけ聞かせてもらおうか」などと上司から指示されたら、どこからどこまで話せば良いのでしょうか？

「さわり」とは、その話、本や映画など作品の**もっとも重要な部分、見どころ・聞かせどころ**を表す言葉です。たとえば「会議のさわり」とは、会議の要点を指します。

さわり＝ちょっとふれる＝入り口というイメージから「導入部分」だと勘違いして使っている人が増えています。そのため、商談のさわりを報告する際に「先方からは担当課長のほかに役員も同席して……」といった具合に、現場の状況を説明しようとする人がいます。これは、上司が求めている「商談内容の要点」ではありません。

もし、あなたの部下が言葉の意味を取り違えそうであれば、「どんな話になったの？」「話の要点だけ簡潔に教えて」と言い換えれば、意図は伝わるでしょう。

NG会話例: キミ、最近人気の本を読んだんだって？さわりを教えてくれないか？

はい。冒頭の場面は作者が生まれた街の美しさが書いてあります。

状況によって言い換えられる「さわり」

- **会議、提案などの「要点」として使う場合**
  核心、眼目、主点、基幹、要旨、エッセンス、主意、趣意、主旨、大旨、要領、要項、大要、大意、骨子

- **映画や音楽作品などの「見どころ・聞かせどころ」として使う場合**
  圧巻、最高潮、クライマックス、佳境、名場面、山場、ヤマ、頂点

ひとことメモ

「さわり」の語源は、義太夫節で最大の「聞かせどころ」とされている箇所を指した言葉です。つまり、映画や音楽、小説など芸術作品のさわりといえば、「もっとも感動するところ」「名場面」と捉えましょう。

若い人を表現する「弱冠」は20歳だけ？

●ハタチ前後の青年を指す

「弱冠」は、中国の周王朝ではじまった制度で、20歳になると冠をかぶって元服式を行ったことに由来します。そのため、本来の意味は**「20歳の男性」**の異称です。

ところが、次第に意味が拡大し、現在では、「弱冠21歳で横綱に昇進」「弱冠19歳でジャイアンツの4番バッターになる」といったように、**20歳前後の若い男女を指す言葉**として使われるように変わってきました。若いながら立派であるという意味合いであれば、「弱冠22歳」「弱冠19歳」は誤用ではありません。

それでも、せいぜい20代までの若者を指すため、「弱冠30歳で社長に就任」といったように30代以上に用いるのは誤用とされています。

ひとことメモ

特例ですが、30代で一人前になるのが異例の早さであるような分野の場合には、「弱冠32歳でノーベル化学賞を受賞」などと使われる例もあります。なお、同じ読みの「若干」は「少し」という意味で、年齢に使うのは不適切です。

「破天荒」な人は 必ずしも豪快ではない

● はじめて成し遂げることが「破天荒」

「破天荒な人」といった場合、「破」や「荒」という漢字の印象から、「豪快で大胆な人」だと捉えがちですが、じつは大きな間違い。「破天荒」に豪快や大胆という意味はなく、正しくは、**誰も成しえなかったことをはじめてすること**です。

語源は中国の故事にあります。唐代に科挙(高等官資格試験制度)で合格者が出なかった荊州(けいしゅう)は「天荒(未開の荒れ地)」と呼ばれていました。

その後、劉蛻(りゅうぜい)という男性がはじめて合格し、人々が「破天荒(天荒を破った)」と劉蛻をほめたたえたそうです。この故事から、過去の人が成し遂げられなかった偉業を達成することを、破天荒と呼ぶようになりました。

ひとことメモ

おもに人の偉業をたたえる際に用いる破天荒。同意語に、前例がないという意味の「前代未聞」と、今まで一度もなかったという意味の「未曽有」があります。「前代未聞の事件」「未曽有の災害」といったように使います。

意味が異なる「戦略」と「戦術」の使い分け

● **全体的な計画策定と目標達成の具体策**

　ビジネスシーンで日常的に登場する「戦略」と「戦術」。明確な違いがわからず、混同している人も多いのではないでしょうか。

　ビジネスで用いる戦略とは、企業の将来の方向と計画を明確に定めた**計画策定**のこと。経営陣や部署の長が大局的見地に立って策定する統合的で全体的な計画です。たとえば企業の戦略は「経営（企業）戦略」、営業や販売に関する戦略は「営業戦略」や「販売戦略」といいます。

　いっぽうの戦術とは、戦略に基づいて、部署や担当者が掲げた目標を達成するために講じる**具体策**です。そのため、「販路拡大戦術」や「顧客数倍増のための戦術」といったように、より部分的で実践的な計画や手段を指します。

ひとことメモ

目的、目標、計画といった言葉もあいまいなまま使われがち。「目的」は実現しようとして目指すことであり、「目標」は目的を達成するために設けた目印をいいます。「計画」は目標を掲げ、それを達成するための順序や手段を考えることです。

人事評価法の「絶対評価」と「相対評価」の違いは?

●基準に照らした評価と集団内の成績順評価

人事評価法には、「絶対評価」と「相対評価」の2種類があります。「絶対」や「相対」は抽象的で意味がわかりにくいものです。

絶対評価とは、あらかじめ**決められた客観的な評価基準**に照らして、個々の能力・成績を評価する方式。相対評価は、ある集団内での成績に序列をつけ、**対象者同士を相対的に比較して**個々の能力・成績を評価する方式です。

したがって、絶対評価は集団内の他者の能力とは無関係に成立します。いっぽう、相対評価は他者の能力と深く関係しています。たとえば「上位×%までをA評価、×%〜×%をB評価」といったように、評価の分布率を示し、個々の位置を明確にして評価します。

ひとことメモ

相対評価を採用した代表的な例が、個人の学力が集団の平均値からどの程度へだたっているのかを数値で表した「偏差値」。自分の学力が全体のどのあたりに位置するのかが明確になるため、希望大学の選別に役立ちます。

前後が入れ替わると意味が変わる「理論」と「論理」

● 理論は法則を説明する知識、論理は考え方の道筋

「その企業戦略は、理論上は正しい」や「もっと論理的な説明をしなさい」といったように、ビジネスの現場のいたるところ、あらゆるシーンで使われる「理論」と「論理」。

同じ漢字で構成されるので、同じ意味だと捉えている人がいるかもしれませんが、明確に異なります。

理論とは、特定の原理・法則を説明する**知識を体系化したもの**です。理論が原理・法則に基づいた説や見識であるのに対し、論理は正しい結論を得るための**考え方の筋道**を指します。つまり、論理的とは、物事を考えていくうえで思考のプロセスに矛盾のないこと、理にかなっていることを表します。

ひとことメモ

英語に置き換えれば、理論は「セオリー」、論理は「ロジック」となります。セオリーは理論・学説・持論のほか、確立された手法という意味合いで用いられ、ロジックは議論の道筋や論法の意味で使われています。

すべからくは「全部」という意味ではない

●「当然」「ぜひとも」という場合に使う

「新入社員には、すべからくわが社の社訓を理解してほしい」「今期は大きな利益が出ているので、すべからくボーナスを支給するべきだ」。このように使われる「すべからく」は、**「当然」「ぜひとも」**という意味です。

ところが、音が似ているからでしょうか、「すべて」という意味だと誤解して使っている人がいます。

たとえば「新入社員はすべからく歓迎会に参加した」は誤用。「新入社員全員が歓迎会に参加した」という意味ではないのです。

「すべからく」は、「ぜひしなければならない」「必ず〜すべきだ」と強く勧める意味合いがあると覚えておきましょう。

ひとことメモ

「当然だ」という意味合いで使われる「論をまたない」は、「論じるまでもない」「言わなくても明白だ」という意味です。よく似た表現の「言わずもがな」には「言う必要のないこと」と「言うまでもないこと」のふたつの意味があります。

「理念」と「概念」は意味がぜんぜん違う？

●理念は理想を、概念は抽象的な事柄を表す

　なんとなく使っている「理念」と「概念」。じつは、意味が異なります。

　理念は「こうあるべきだ」という理想となるような考えです。経営者がよく口にする「弊社の理念は……」という言い回しは、その会社が目指す理想とする姿を語るときに使います。

　いっぽうの概念は、**全体に共通する要素を取りあげてまとめて表したもの**。そのため、だいたいの内容や抽象的な事柄を表現する際に用いられます。たとえば「弊社には限界という概念がない」と言えば、その会社の場合、「限界という言葉に対して世間の人が思い描く共通する考えとは異なり、自社の成長の可能性は無限だと考えている」という意味になります。

ひとことメモ

「社是」と「社訓」も意味は異なります。社是は、その会社が正しいと考えている事柄。つまり会社のあるべき姿を表す理念が込められます。社訓はその会社の守るべき考え方を説いたもので、なんらかの教訓が込められています。

「遺憾の意」は謝罪の言葉ではない？

●残念な気持ちを表す「遺憾の意」

「このたびの災害に、心より遺憾の意を表します」といった場合、「遺憾の意」は、「**とても残念だ**」という気持ちを表しています。

ところが、遺憾を謝罪の言葉だと勘違いし、「弊社が起こした不正について誠に遺憾に思う」といった使い方をする経営者がいます。経営者は事件を起こした当事者側の代表なので、「お詫びいたします」が正しい表現でしょう。

「遺憾である」は、**相手を非難する見解の表明**として使われるケースもあります。「あの国の核実験は誠に遺憾である」という政府の公式コメントは、残念という気持ち以上に、「本来、核実験は実施されるべきではない」という非難のメッセージが込められています。

ひとことメモ

「謝罪」と「陳謝」は微妙に意味が異なります。謝罪は詫びること全般を指しています。いっぽう、陳謝は必ず言葉を伴った謝罪を指します。したがって、言葉以外で謝罪の意を示すことを陳謝とはいいません。

「約30名ほどの〜」は重複表現なのでNG

●「約」と「ほど」は一緒に使わない

「一番最初」や「いまだ未解決」など、同じ意味の言葉をくり返して使うことを**重複表現（二重表現）**といいます。多くの人が無意識に使っており、意味は通じるかもしれませんが間違った表現です。

たとえば「約30人ほどの〜」「およそ10分ほどで〜」という表現もそうです。「約」「およそ」と「ほど」は同じ「だいたい」という意味なので、明らかに重複表現です。したがって、「約」を使うなら「ほど」は不要、「ほど」を使うなら「約」は不要。**一緒に使うのはNGです。**

会話の場合、さほど気にならなくても、文章にした際、読み手は違和感を覚えるので、使わないようにしましょう。

ひとことメモ

重複表現のうち、ビジネスシーンでよく使われているものを挙げましょう。「製造メーカー」、「尽力を尽くす」、「返事を返す」、「日本に来日する」、「加工を加える」、「多額の巨費」、「各〇〇ごと」、「あらかじめ予約する」。これらはすべて誤用です。

「かねてより」は○、「従来より」は×

●「従来」と「より」は一緒に使わない

「従来より弊社では〜」のように、「従来」に助詞の**「より」**をつけた表現は、日常生活のいたるところで見かけますが、明らかに誤用です。

「従来」は、「以前から(以前より)」という意味。つまり、「より」という意味を含んでいるため、重複表現となるのです。

この場合は、「従来、弊社では〜」か「以前から弊社では〜」「かねてより弊社では〜」とするのが正しい表現です。

よく似た誤用に「古来からの〜」があります。「古来」は「古くから」「昔から」という意味なので、**「から」**をつけると重複します。

また、「古の昔より」は、「古」と「昔」は同じ意味なので、これも誤用です。

ひとことメモ

テレビの選挙報道でまれに「過半数を超える」という表現が使われますが、「過半数」とは全体の半分より多い数のこと。したがって「過半数を超える」は重複表現。正しい使い方は「過半数に達する」「全体の半数を超える」です。

「〜は故障中」は誤用だが、「入院中」は誤用ではない

● **故障は状態を示しているので「中」は不要**

オフィスやコンビニ、商業施設、駅の公衆トイレなどで、たまに「シュレッダー故障中」「エレベーター(エスカレーター)は故障中」といった張り紙を見かけます。

シュレッダーやエレベーターなど、モノが主体となっている場合の「〜は故障中」という表現は、じつは正しくありません。機械や設備の「故障」は、「**壊れている**」という状態を表しているため、さらに状態を伝える「中」という言葉をつけ加える必要はないのです。

ただし、「会議中」「検討中」「入院中」「出張中」など、人が主体の場合に「中」をつけるのは誤りでありません。「〜中」という表現は、「モノは×、人は〇」と覚えておきましょう。

ひとことメモ

店舗の入り口に「営業中」や「休業中(休憩中)」などの看板が置かれることがあります。店舗自体はモノですが、開店も閉店も人が行うことなので、「営業」「休業」に、状態を表す「中」をつけるのは間違いではありません。

「効率」と「能率」の使い分けのコツは?

●効率と能率は比較する対象が異なる

「ITの導入で効率アップ」「ムダをなくして能率アップ」。この表現のように、「効率」と「能率」は「できる仕事の割合」という同じ意味をもっています。ところが、厳密にいえば、比較する対象に違いがあります。

「効率」とは、労力や資金など**一定の投資に対して得られる成果の割合**。たとえば、会社の受発注システムをIT化するのに費やしたエネルギーや金額に対して費用対効果が高ければ「効率が良い」、低ければ「効率が悪い」となります。

「能率」とは、**一定時間内にできあがる仕事の割合**のこと。たとえば、一定時間の生産量が以前より多くなれば「能率アップ」、少なくなれば「能率ダウン」となります。

ひとことメモ

効率の良さと能率の良さは一致しないケースがあります。たとえばIT化によって「能率は向上」しても、費用対効果が低ければ「効率は低下」します。その逆に、能率は悪くても効率が良い場合もあります。

「優秀な学生を青田刈りする」は間違い！

●優秀な学生を早めに確保するのは「青田買い」

　企業の人事担当者が、卒業見込みが立つ前から優秀な学生に接触し、卒業後の入社を約束することを「**青田買い**」といいます。

「青田」とは、稲の苗が青あおとして、まだ実っていない7月下旬ころの田んぼのこと。青田買いは、稲の収穫量を予想して青田を先買いすることで、青田を優秀な学生に見立てた表現です。

　まれに「**青田刈り**」という表現を使う人事担当者がいますが、これは明らかに誤用。青田刈りとは、戦国時代に行われた「城攻め」の作戦のひとつ。敵の城の周囲にある田んぼの稲を、まだ実っていない時期に勝手に刈ってしまう兵糧攻めの戦法の名前です。青田は「刈る」のではなく、「買う」と覚えましょう。

ひとことメモ

兵糧攻めの戦法には、敵方への塩の輸送を止める「塩止め」もあります。戦国時代、上杉謙信は宿敵・武田信玄が治める甲斐・信濃へ通じる塩の流通路を断ちませんでした。このエピソードが「敵に塩を送る」ということわざの起源です。

「いみじくも」は、偶然にもという意味ではない？

●非常に適切なことを表すときに使う

年配の人がよく使う「いみじくも」は、「**非常にうまく、適切に**」という意味です。
「前会長はいみじくもこの苦境を予見していた」「待てば海路の日和ありとは、いみじくも言ったものだ」といった使い方をします。どちらの例文も、**とても適切に**や**じつに巧みに**というニュアンスが込められています。

ところが近年、「いみじくも」を、「偶然にも」や「仮にも」という意味と混同して使っているケースが見受けられます。「彼女とは、いみじくも 10 年ぶりに映画館で再会した」というのは前者のケース。「いみじくも人の上に立つ者がすべきではない」という使い方は、後者のケース。どちらも誤用です。

ひとことメモ

「いみじくも」とよく似た響きの「いやしくも」は、「仮にも」「かりそめにも（一時的にではあるものの）」という意味です。「いやしくも部長の任にある私が、会社への背信行為など……」といったように使います。

采配は「振るう」もの ではなく、「振る」もの

●「采配を振る」が正しい表現

新聞や雑誌などでは、よく「専務の××が新会社の社長に就任し、采配を振る」といった表現が使われます。「**采配を振る**」とは、陣頭に立って指揮をするという意味です。

「采配」とは、戦場で大将が指揮するために用いた細長い棒状の道具。大将がこれを振り動かして「撃て！」「引け！」などと合図をしたことに由来します。

ところが、「**采配を振るう**」という言い回しもよく耳にします。「振るう」は「拳や刀などを大きく振り動かす」という意味の動詞。棒状の采配を振るうことは容易なので、動作として間違っているわけではありません。ただし、語源と照らし合わせれば誤用といえるでしょう。

ひとことメモ

人の先に立って集団をまとめてゆくことを「音頭を取る」といいます。もともと合唱や合奏の際、誰かひとりが「音の頭」、つまり、合唱や合奏の最初の部分を発声したり、演奏をはじめたりしたことに由来します。

社員一同が集まったら、「一同に会する」?

●ひとつの場所に会するから「一堂」

これは書き間違えやすい慣用句のひとつです。複数の人がひとつの建物や場所に集まることを「**一堂に会する**」といいます。

「堂」とは、「お堂」(寺の建物、神仏を祀った小さな建物)のこと。「会する」とは、寄り集まることです。

「堂」と「同」は同じ音なので、「**一同に会する**」と誤って使われがち。一同は「(その場にいる)全員」という意味なので、一同に会すると書けば「全員に集まる」となり、日本語として正しくありません。

「社員一同」がどこかに集合したとしても、「一同に」ではなく「全社員が一堂に会する」が正しい使い方です。

ひとことメモ

「一堂」と「一同」、「弱冠」と「若干」(34ページ)のように同じ音で意味の異なる言葉を「同音異義語」といいます。「意外」と「以外」、「企画」と「規格」、「用意」と「容易」などは誤字になりやすい同音異義語なので、注意してください。

『　』(二重カギカッコ)は文章のどこで使う?

●会話文中の発言など区別するときに使う

　報告書や企画書など、毎日のように文章を書いている人でも、「　」(カギカッコ)と『　』(二重カギカッコ)の使い分けはきちんとできていないようです。会話の引用は「　」ですが、そのなかにさらに**会話が入る場合は『　』を用いる**というルールがあります。以下、例文。

　A社の小林部長は「専務から『利益率をアップせよ』という指示があったので、弊社への仕入れ価格を見直してくれないか」と提案してきました。

　この例文の場合、小林部長の発言を「　」でくくり、専務の発言を『　』でくくって区別しています。このほか、一般に書名は『　』でくくって地の文と区別するのが一般的です。

ひとことメモ

文書では「　」や『　』のほかに、地の文の語句と区別して示したいとき、〈　〉(山カッコ)や" "(ちょんちょんカッコ)も用います。これらの記号は「符号」といい、西洋から伝わってきた表記方法です。

「保証」「保障」「補償」、意味はぜんぜん違う

●保証は負い、保障は守り、補償は償うもの

「保証」と「保障」と「補償」は、ビジネスでよく登場する**同音異義語**。「ほしょう」と聞いたとき、私たちは前後の文脈からどの漢字かを考えますが、誤った漢字を選ぶこともあります。

保証は、ある者が相手に対して責務を果たせない場合に、ある者に代わってその債務を履行すべき人物の義務のこと。保証人や保証会社は、その役目を負います。

保障は、権利や自由、安全など現在の状態を守るという意味。「地位を保障する」や「安全保障」といった使い方をします。

そして補償は、損害や損失を償うために補うこと。「災害補償」や「損害補償」といった使い方をします。

ひとことメモ

「補償」と「賠償」は、どちらも損害を補填するという意味ですが、損失となる行為の原因に違いがあります。補償は「適法な行為によって生じた損害」を、賠償は「違法な行為によって生じた損害」を補填するものです。

「海を臨む」は×、「海に臨む」は○

●面する場合は「臨む」、一望する場合は「望む」

「臨む」と「望む」は、同訓異義語の動詞ですが、使い分けは簡単ではありません。「臨む」はその場所に向かう、目の前にする場合に、「望む」は一望する場合に用います。

たとえば、海に面したホテルなら「**海に臨むホテル**」が、遠くから海を一望できるホテルなら「**海を望むホテル**」が正解となります。「〜に」なら「臨む」、「〜を」なら「望む」と覚えておけばよいでしょう。

いっぽう、「会議に臨む」といった場合の「臨む」は、臨場感のある近い距離にいること、つまり会議に参加(出席)するという意味になります。これを一文で使い分けるなら「海を望むホテルで会議に臨む」となります。

ひとことメモ

「臨む」には、「面する」「参加する」のほかに、「ある状態に身を置く、直面する」「適切な態度で人に対する」という意味もあります。たとえば「危険に臨む」、「厳正な態度で臨む」といった使い方をします。

「進める」「薦める」「勧める」 3つの使い分け

●「進」は進行、「薦」は推薦、「勧」は勧誘

「すすめる」には、「**進める**」「**勧める**」「**薦める**」の異なる漢字を用いた3つがあり、意味に応じて使い分ける必要があります。

「進める」は、物事を前へ動かす、前方へ行かせるという意味。会議、計画、改革などを進行させる場合は、「進める」を使います。

「薦める」は、「リーダーシップに長けた彼を部長に薦める」というように、人や物事のすぐれた点を挙げ、採用するよう促す際に使います。「推薦する」と同意語です。

「勧める」は、自分がよいと思う物事を人にするように誘いかける際に用います。「入社を勧める」「運動を勧める」「生命保険を勧める」など、勧誘・奨励と同じ意味で用いられます。

ひとことメモ

「進学を奨める」「農業を奨める」など、「すすめる」を「奨める」と表記する場合があります。「奨める」は、良いことなので盛んに行うよう励ますという意味なので、「勧める」と同意語です。「奨励する」という表現もあります。

大地震の「大」の読みは「おお」か「だい」か？

● 大地震の読みは「おおじしん」が正解

「大」の字を「おお」と読むか、「だい」と読むかは、日常的に直面する問題です。たとえば「大地震」。大震災（だいしんさい）や大災害（だいさいがい）と読むことから、「だいじしん」と読むこともありますが、「**おおじしん**」が正解。

いっぽう、「大恩人」「大家族」といった場合の「大」は「だい」と読み、「大河」「大海」のように「大」を「たい」と読む場合もあります。では、読み方にルールはあるのでしょうか？

一般に、音読みの語（漢語）の上についたときは「だい」「たい」と読み、「大慌て」「大急ぎ」のように、訓読みの語（和語）の上についた場合は「おお」と読みます。地震や火事は漢語ですが、例外として「おお」と読みます。

ひとことメモ

「世論」は、「せろん」とも読みますが、「よろん」と読むのが一般的。「世論調査」は「よろん調査」と読みます。「よろん」はかつて「輿論」と書いていましたが、「輿」の字が当用漢字表から外れたため、「世論」が使われるようになりました。

「よしんば」≒「たとえば」 その微妙な差は何？

● 「たとえそうであったとしても」の意味

　中高年や高齢の人が好んで使う「よしんば」。聞きなれない人には、「しんば」を「新馬」という漢字に変換してしまうかもしれませんが、よしんばとは、「**たとえ（仮に）そうであったとしても**」という意味の副詞です。

　なかには、「仮に」「たとえば」という意味だと解釈している人がいるかもしれませんが、それだけでは不十分です。仮定の条件を示したうえで、そのあとで否定的な意味が続くのです。

　たとえば「よしんば会社ぐるみの不正であったとしても、私は辞めない」といった場合は、「たとえ会社ぐるみの〜」と仮の話を持ち出し、そのあとは「それでも、私は……」と否定的な言葉が続くのが特徴です。

ひとことメモ 🖉

「ある物事が起こった」と仮定して話を進めるときに用いる表現には、「よしんば」や「仮に」のほかに、「万が一」「万が一つも」という表現があります。「万が一、〜であったしても」は、まさに「よしんば」と同じ意味となります。

みんな混同している「おざなり」と「なおざり」

● 対応する「おざなり」、対応しない「なおざり」

「おざなり」と「なおざり」は、どちらも「いい加減な対応」という意味で使われていますが、異なる点があります。

「おざなり」は、**その場かぎりの間に合わせ**のときに使います。たとえば、報告書の提出を上司に急かされて、適当に書いて提出した場合は、「おざなりの調査報告書」となります。いい加減ではあるにせよ、何らかの対応をしているときに用います。

いっぽう、「なおざり」は、物事に真剣に取り組もうとはせず、**何の対応もせずに放置する**ときに用います。たとえば、業績が落ち込んでいるのに何の対策も講じない経営者は、経営を「なおざり」にしているといえるでしょう。

ひとことメモ

その場しのぎのために、一時的に知識や態度などを覚えることを「付け焼刃」といいます。その場しのぎの対応をすることから、「おざなり」とよく似た意味合いです。「場当たり的な」「帳尻合わせ」も同意語です。

「1時間弱」は、1時間より長い？ それとも短い？

● 「〜弱」は、〜よりもやや少ないこと

「1時間弱」「1メートル弱」「100人弱」など、数量を表す言葉に「弱」をつける表現があります。「〜弱」は「**やや少ない**」という意味なので、たとえば「1時間弱」といえば、1時間よりやや少ない時間を指します。厳密には50〜59分程度の時間でしょう。

ところが、「1時間より少し長い時間」だと誤解している人がいます。おそらく「1時間＋少々」だと解釈しているのでしょう。

「やや多い」という意味で使われているのは、「〜弱」の反対の「**〜強**」です。したがって、1時間よりも少し長い時間を表すのなら、「1時間強」となります。厳密にいえば、1時間1〜10分程度の時間でしょう。

ひとことメモ

今さら聞けないのが、「以下」と「未満」の違い。「以下」「以上」は対象となる数字を含み、「未満」は含まない数です。たとえば、日本の法律では、「20歳以上」は飲酒できますが、「20歳未満」は飲酒できません。

パート1
おさらいテスト

理解度を確認するテストです。さっそく挑みましょう。

問1 次の文章の＿部の使い方として正しいほうを選び、記号で答えなさい。

ア えっ、私が課長に昇級？ 私では役不足ですが、張り切って務めます。

イ キミには役不足だけど、課長として課をまとめてほしい。

解答欄 ☐

問2 次の用語と意味の組み合わせのうち誤っているものを選び、記号で答えなさい。

ア 情けは人のためならず <意味>人に情けをかければ自分に良い報いがある

イ 敷居が高い <意味>店が高級すぎて自分には不相応なので入りにくい

ウ 煮詰まる <意味>十分に議論して結論が出せる状態

解答欄 ☐

問3 次の意味を表す表現を選び、記号で答えなさい。

<意味>物事の本質を捉えた見方

ア さがった見方
イ くぐった見方
ウ うがった見方
エ ちがった見方

解答欄 ☐

問4 話の「さわり」とは、どの部分を指すでしょうか。記号で答えなさい。

ア 導入部
イ 要点
ウ 終わりの部分

解答欄 ☐

問5 ○○○に当てはまる言葉を、記号で答えなさい。

前人が成し遂げられなかった偉業をはじめてすることを○○○という。

ア 有頂天
イ 真骨頂
ウ 破天荒

解答欄 ☐

問6 次の意味を表す表現を選び、記号で答えなさい。

＜意味＞ 部署や担当者が掲げた目標を達成するために講じる具体策

ア 計画
イ 目的
ウ 戦術
エ 戦略

解答欄 ☐

解答は 62 ページへ

問7 ○○に当てはまる言葉を記号で答えなさい。

絶対評価は事前に決めた客観的な評価基準に照らして評価する。○○評価はある集団内での成績に序列をつける。

ア 相対
イ 立体
ウ 一対

解答欄

問8 次の用語と意味の組み合わせのうち誤っているものを選び、記号で答えなさい。

ア すべからく　　＜意味＞すべて
イ 言わずもがな　＜意味＞言う必要のないこと、言うまでもないこと
ウ 論をまたない　＜意味＞論じるまでもない

解答欄

問9 次の文章で間違った使い方をしているものを選び、記号で答えなさい。

ア 約100名が参加した。
イ 約100名ほどが参加した。
ウ 100名ほどが参加した。

解答欄

問10 次の意味を表す表現を選び、記号で答えなさい。

<意味>複数の人がひとつの建物や場所に集まること。

ア 一堂に会する
イ 一同に会する
ウ 一度に会する

解答欄

問11 次の文章で間違った使い方をしているものを選び、記号で答えなさい。

ア 富士山を望むホテルに泊まる。
イ 富士山に臨むホテルに泊まる。
ウ 富士山を望めるホテルに泊まる。
エ 富士山が臨むホテルに泊まる。

解答欄

問12 次の意味を表す表現を選び、記号で答えなさい。

<意味>たとえそうであったとしても

ア なかんずく
イ いみじくも
ウ よしんば

解答欄

解答は 62 ページへ

パート1
おさらいテストの答え

問1	イ	問2	イ
問3	ウ	問4	イ
問5	ウ	問6	ウ
問7	ア	問8	ア
問9	イ	問10	ア
問11	エ	問12	ウ

パート2
難読、読んどく？

読めないと恥をかく難読語

4コマ劇場 読めないのかよ

漢字は難しいけど、怖くない

「未曾有」→みぞうゆう、「踏襲」→ふしゅう、「云々」→でんでんなど、政治家が国会で漢字の読み間違いをするたびに、喧喧囂囂（けんけんごうごう）の議論になります。

　他人の読み間違いなら笑い飛ばせますが、自分はどうなのか……。ドキッとする人も多いはず。長年の思い込みによる読み間違いは、誰にでもあること。そのことに「忸怩（じくじ）たる思い」を抱いたり、「慚愧（ざんき）の念」に駆られる必要はありません。人前で恥をかく前に、本章を読んで、少しずつでも難読漢字の語彙(ごい)を増やせばよいのです。

　本章ではおもに、ビジネスの場で目にするにもかかわらず、多くの人が読み間違えている難読漢字を取りあげました。その意味や語源も合わせて覚えれば、いかめしい漢字も、やがては愛(いと)おしく感じられるかもしれません。

では、スタート！ ⇒

豪奢、瀟洒……
難しい「しゃ」の字

● 派手なさま、粋なさまを表す

　豪華絢爛という熟語の「絢爛（けんらん）」もかなりの難読語ですが、では「豪奢」はいかがでしょう。こちらは「ごうしゃ」と読み、「とても派手でぜいたくなこと」という意味です。「**奢**」には「おごり、ぜいたく」の意味があり、似た言葉に「驕奢（きょうしゃ）」もありますが、豪奢よりさらに「驕り高ぶっている」ニュアンスで使われます。「華奢」の場合は、「かしゃ」「きゃしゃ」と2通りの読み方があります。

　前者は「派手で華やか」ですが、後者だと「弱よわしい様子」と、まったく別の意味になります。

　もうひとつ、難しい「しゃ」の字について。「瀟洒（しょうしゃ）」は、「しゃれてあか抜けている様子」という意味です。「**洒**」には「（水で洗ったように）さっぱりあか抜けた様子」という意味があります。そのため「洒脱（しゃだつ）」や「洒落（しゃらく・しゃれ）」など、粋な様子を表した言葉もあります。

　なお、字が似ているため「洒」を「酒」と書いてしまわないよう気をつけましょう。

NG会話例	さっき会った先方の担当者、若いのに洗練された雰囲気だったな。
	そうそう、軽妙酒脱（けいみょうしゅだつ）な方でしたね。

よく見てみよう「奢」と「洒」

 — **点がある**

 — **横棒がない**

ひとことメモ

「豪華絢爛」に近い意味の四字熟語といえば、「栄耀栄華」（えいようえいが）、「荘厳華麗」（そうごんかれい）などがあります。また、「洒落」を重ねて「洒洒落落」（しゃしゃらくらく＝さっぱりしてこだわらないこと）という四字熟語も。

読みが違うと意味も違う「追従」「利益」

● **読み方は文脈で判断を**

　同じ漢字なのに、読み方が複数あり、意味も違うという、ややこしい熟語があります。誤読しないよう注意して使い分けましょう。

　まずは「**追従**」。「ついじゅう」と読むときは、「物事のあとにつき従う」という意味です。「ついしょう」と読むときは、「媚びへつらい、おべっかを使うこと」となります。「お追従」のように「お」がつく場合は「ついしょう」と読み、「あいつはお追従ばかりだ」というように、多くは相手を揶揄する意味で使われます。

　「**利益**」はどうでしょう。「りえき」と読めば、「儲け、得」のことです。「りやく」と読めば、「神仏からの恩恵」を意味する仏教語になります。「御利益」のように「御（ご）」がつく場合は必ず「りやく」と読むので、神仏の前ではお間違いのないよう。

　変わったところでは「**強請る**」があります。これは「ねだる」「ゆする」「もがる」「たかる」と、４通りもの読み方があるのです。読み間違える危険性が高いため、漢字では書かないのが一般的とされています。

NG会話例

彼はいつも調子が良いよな。上役にはおべっかを使ってばっかりだ。

たしかに、お追従（ついじゅう）が上手な人ですよね。

同じ漢字で読み方や意味が違う語

「足跡」
あしあと…歩いたあとに残る足形
そくせき…足どり／業績

「一途」
いちず…ひとつに打ち込むこと
いっと…ひとつの方向

「市場」
いちば…人が集まり商いを行う場所
しじょう…商品売買の範囲

「大家」
おおや…貸家の持主
たいか…その道の専門家

ひとことメモ

「追従」を使った難しい表現に、「阿諛追従（あゆついしょう）」という四字熟語があります。「阿諛」とは「おべっかを使う」ことですので、同じ意味の言葉が重なって、「大いに媚びへつらうこと」になります。

「僭越」「恙なく」「餞」スピーチの難読語

● **手紙でも使いこなしたい**

社会人として、スピーチなど晴れの舞台で使う言葉は、読み方も意味も間違わないよう気を配りたいですね。送別会で、同僚を送り出す際のスピーチを例に見てみましょう。

スピーチを頼まれたあなたは、「**僭越（せんえつ）ながら**」とあいさつをはじめます。僭越とは「出しゃばること」の意味ですので、「出すぎたことをして恐れ入りますが」という、へりくだった導入の言葉になります。

続いて、「会も恙なく進行しております」と述べます。「**恙なく（つつがなく）**」は、「無事に、何事もなく」という意味です。もともと「恙」はダニの一種のツツガムシのこと。病気や災厄を表し、それが「ない」こと、つまり平穏無事という意味になりました。

あいさつも終盤、「これをもって餞の言葉とさせていただきます」と締めくくりました。「**餞（はなむけ）**」とは「旅立ちや門出の際に贈る、祝福や激励」という意味です。ちなみに、餞は送り出す場合（送別会など）に用いる言葉で、歓迎会の際は使いませんので、注意しましょう。

NG会話例

このたび、わが部署に配属になったみなさんに向けて、先輩から激励をお願いします。

(あいさつの最後に) これをもって、私からみなさんへの餞の言葉といたします。

死にまつわる表現

● **敬語表現**
ご逝去
ご他界
ご永眠

● **婉曲表現**
往生する
お迎えが来る
天に召される
息を引き取る
みまかる
先立つ
鬼籍に入る

ひとことメモ

宴席といえば、終わり際に幹事が「宴もたけなわではございますが」と言います。漢字で書くと「宴も酣」。「酣」とは「物事の一番の盛り上がり」のことで、「盛り上がっているところではありますが」と、宴席の締めにつながる言葉となります。

文字も意味も混同しやすい「ざんじ」と「ぜんじ」

●「しばらく」「ようやく」訓読みで覚えよう

「暫」と「漸」は、字が似ているうえに、読みも「ざん」と「ぜん」と近いため、間違えやすい漢字です。とくに**暫時**と**漸次**は、一瞬戸惑ってしまう人が多いかもしれません。

暫時は「しばらくの間」、漸次は「次第に、だんだん」と、意味はだいぶ違います。訓読みと合わせて覚えるのが良いでしょう。「**暫く**」は「しばらく」、「**漸く**」は「ようやく」と読み、意味がすぐにわかりますので、取り違える心配はなくなるはずです。

経済用語では「漸進（ぜんしん）」…少しづつ進む、「漸減（ぜんげん）」…少しづつ減るなど、「漸」の字を用いた用語も多いので、合わせて覚えると良いでしょう。

ひとことメモ

漸減と同じ意味で「逓減（ていげん）」という難読語もあります。「逓」の字には「次第に、だんだん」という意味がありますが、ほかに「通信・郵便」の意味も含まれ、戦前には「逓信省」と呼ばれる官庁もありました。

簡単だが間違えやすい「凡例」と「汎用」

●「はん」の読み方を覚えておこう

普通に読むと「ぼん」になりますが、いずれも「はん」と読むのが正解。「凡」は「平凡」「凡人」などのイメージが強いですが、「**凡例**」は「ありふれた例」という意味ではなく、「書物の巻頭にある、編集方針や使い方などを箇条書きで記したもの」になります。

読みは同じですが、「ハンレイ集」は、裁判の実例を集めた「判例集」のことを指します。

「**汎用**」もよく使われますが、「広くいろいろ使えること」です。家電などで「汎用品」といった場合は、特定機種に使える純正品に対して、さまざまな機種で使えるものを指します。「キミのアイデアは汎用性が高い」など、ホメ言葉として使われることも増えてきました。

ひとことメモ

「はん」か「ほん」かの間違いやすさでいえば、「翻意」も挙げられそうです。「番」の字から「ばん」とか「はん」と読みたくなりますが、こちらは「ほんい」が正解。「考えを変えること、ひるがえすこと」という意味になります。

「どくだんじょう」は、じつは「どくせんじょう」

● 独擅場→独壇場、誤用が定着

「独擅場」と書いて「どくだんじょう」と読むのが当たり前と思いきや、本来は「**独擅場**」と書いて「どくせんじょう」と読みます。

ただ、「擅」と「壇」の字が似ていて、あまりに誤記・誤読が増えてしまったため、誤用である「独壇場」が一般化してしまった、おもしろい例です。どちらも「ひとり舞台」という意味です。「壇」には「土壇場(どたんば)」という言葉もありますから、勘違いされやすかったのかもしれません。

このように、本来は間違っていたのに定着してしまった読み方のことを「**慣用読み**」といいます。慣用読みは日本語の変化の過程で見られるものですが、「独壇場」はその典型です。

ひとことメモ

直前に予約を取り消す「ドタキャン」などで、一般的に使われる「土壇場」ですが、その語源は恐ろしいものです。江戸時代、斬首刑を行う処刑場のことを「土壇場」と呼び、そこから転じて「物事の最後の場面」を指すようになりました。

「かんかんごうごう」?
「けんけんがくがく」?

● **書けなくても読めるようにはなりたい**

字が難しく響きが似ているふたつの四字熟語。正しくは「**侃侃諤諤（かんかんがくがく）**」と「**喧喧囂囂（けんけんごうごう）**」です。侃侃諤諤は「遠慮なく主張すること」で、「侃侃諤諤と議論する」のようにプラスの意味で使う場合が多く、いっぽう喧喧囂囂は「大勢の人が騒ぎ立てること」で、「喧喧囂囂と非難する」のようにマイナスな意味で使われがちです。

ちなみに「**轟轟（ごうごう）**」という熟語もありますが、こちらは「音がとどろき響く」という意味で、関係ありません。

また、似た響きでは「**戦戦恐恐（せんせんきょうきょう）**」という熟語もあります。こちらは「恐れてびくびくすること」という意味です。

ひとことメモ

同じ漢字を2字ずつ重ねる四字熟語としては、ほかに「是是非非（ぜぜひひ）」が挙げられます。「立場にとらわれず、良いことは良い、悪いことは悪いとすること」という、中国の荀子の言葉です。最近では政治家がよく使っていますね。

「折衝」の「進捗」具合は？
読めないと意味不明

●「衝」「渉」の字に要注意

　商談などの際、取引相手と談判し、駆け引きすることを「**折衝（せっしょう）**」といいます。「大事なこと、かなめ」を意味する「衝」の字は、交渉の「渉」と混同しやすいですが、そもそも交渉と折衝はどう違うのでしょう。

　交渉は「相手と話し合って物事を取り決める」という意味で使われますが、折衝は「対立する相手に、事を有利に運ぶよう駆け引きをすること」で、より難しい場面で使われます。

　そして「**進捗（しんちょく）**」、こちらは「物事の進み具合」のことです。「捗」は「はかどる」という意味ですが、「捗」を「渉」と混同して「しんしょう」と読んでしまう人が多いので、気をつけましょう。

ひとことメモ

「捗」の字をよく見ると、じつは「歩」と違って、「少」の右上の点がありません。ただ、点があってもなくても、どちらも間違いではありません。そもそも「歩」の字も点がなかったのですが、当用漢字制定の際に点が加えられました。

「破綻」「補填」
会社の危機に見る経済用語

●会社が破れほころびること＝倒産

　企業の経営破綻（はたん）のニュースをよく耳にします。「**破綻**」は物事が破れほころびること、経営の世界では「（会社の）倒産」を意味します。破綻を「はじょう」と読み違える人も多いですが、「綻」を「錠」と混同して起こる間違いですね。「錠」は「カギ」や、薬の「1錠、2錠」で使いますが、「綻」は訓読みだと「綻び」という意味になります。

「不足を補って埋める」という意味の「**補填（ほてん）**」もニュースでよく聞きますが、「填」の訓読みはあまり知られていません。「填まる」と読み、「ぴったりうまくおさまる」ことを意味します。「嵌まる」と書く場合もありますが、意味は同じです。

ひとことメモ

「破」の字を用いた言葉に「破壊」と「破戒」（いずれも「はかい」）がありますが、どう違うのでしょう。破壊は広く「壊す、壊れる」ことを指しますが、破戒は「戒めを破る」という意味の仏教用語です。島崎藤村の代表作は『破戒』ですね。

ブラックな難読語の読み方
「隠匿」「改竄」「捏造」

● **不祥事こそ、漢字を覚えるチャンス**

　政治家や企業の不祥事が、日々メディアをにぎわせています。重要な証拠がもみ消されたり、守るべき情報が流出したり。ニュースで頻出する難読語を押さえておきましょう。

　よく問題となるのが証拠の「**隠匿（いんとく）**」、「包み隠すこと」ですね。「秘匿（ひとく）」、「隠蔽（いんぺい）」といった同様の表現も、合わせて覚えましょう。そして、書類の「**改竄（かいざん）**」や「**捏造（ねつぞう）**」が行われることもしばしば。改竄は「書き換えること」、捏造は「でっち上げること」です。最近は、個人情報などの「**漏洩（ろうえい）**」も、気になる話題です。「漏」と「洩」、同じ意味の文字を重ねて「秘密などが漏れること」を意味します。

ひとことメモ

今では耳にする機会も少なくなりましたが、捏造は「でつぞう」とも読まれていました。「捏（でつ）」の読みが、やがて「でっち上げ」の語源になったとされます。また、漏洩は「ろうせつ」と読む場合もあります。

読み方も意味も悩ましい「呵責」「忸怩」「慚愧」

●失敗したときに使える難読語

間違いを犯したとき、それを表す難しい表現も知っておきたいですね。たとえば、あなたが大きな過ちを犯したら、まず「良心の呵責（かしゃく）」を覚えるでしょう。呵責は「責め苦しむこと」ですから、「良心に背いたことで、罪の意識に苦しむこと」となります。そのことで、「忸怩（じくじ）たる思い」を抱くでしょう。忸怩とは「恥じる、引け目を感じる」ですから、「深く反省して恥じる」わけです。そして、「**慚愧（ざんき）に堪えない**」ことになります。

慚愧は仏教用語で、呵責と同様に「恥じる」ですから、「自分の罪を深く恥じる」意味です。「慚愧の念」を多用しすぎると、「ただ言いたいだけ？」と誤解されるのでご注意を。

ひとことメモ

「良心の呵責」「忸怩たる思い」「慚愧の念」と、ひとまとまりの慣用表現として覚えましょう。ほか、「改悛（かいしゅん）の情」…悔い改める気持ち、「自責（じせき）の念」…自分を責める気持ち、などもまとめて覚えておきたい表現です。

ビジネス書類に頻出する「款」の読み方・使い方

● 「款」は決まりごとを意味する

　法律的な文書でしか見かけない漢字がありますが、「**款**」はその代表ではないでしょうか。「款」は法令や規約、証書などの条項、箇条書きのことを意味していて、「**定款（ていかん）**」、「**約款（やっかん）**」などで使われます。似たような意味だと思っている人もいるかもしれませんが、法律的には別物です。「定款」は、法人の目的や組織、業務内容などの根本規則をまとめた文書で、記載する内容は決められています。

　対して「約款」は、ある取引の際の決まりごとがまとめられた契約条項のことです。定款はふだん目にする機会の少ないものですが、保険や不動産の契約時に、細かい字で書かれた約款は目にすることも多いのではないでしょうか。

ひとことメモ

お堅いイメージの「款」の字ですが、いっぽうで「親しい交わり」や「心からの喜び」といった意味もあります。「歓」の字の代わりに「交款（こうかん）」、「款待（かんたい）」といったおもてなしの言葉に使われる場合もあります。

契約時に注意したい「瑕疵」「罹災」の読みと意味

● **言葉の意味を知ってから手続きを**

保険や不動産の契約を結ぶとき、細かい書類を見る機会があると思います。そんなとき、読めて知っておきたい言葉を紹介します。

よく出てくるのが「**瑕疵（かし）**」。「瑕」も「疵」も「傷、欠点」を意味しており、法律的に「何らかの欠点や欠陥があること」として使われます。とくに不動産の売買では、普通は気づかないような隠れた欠陥のことを指します。

また、「**罹災（りさい）**」は「災害に遭うこと」の意味で、「罹災証明」とは、災害の被害状況を証明するため、自治体が発行する書類のことです。「罹」は「罹患（りかん）」、「罹病（りびょう）」など「かかること」を意味しますが、「羅（ら）」と書き間違えやすいので注意しましょう。

ひとことメモ

不動産売買では「瑕疵担保責任（かしたんぽせきにん）」という言葉を見かけます。物件に普通は気づかないような欠陥があった場合、売主が買主に負う責任のことです。雨漏りなど、あとから気づいた問題についても責任を負う、という意味です。

「人情」沙汰と聞こえるけれど情けはどこにもない

●事件・犯罪の陰に難読語あり

新聞記事やニュースで事件・犯罪の報道にふれると、独特の表現が目につきます。殺人・傷害事件が起こった際に、「にんじょう沙汰」という言葉が聞かれます。何やら痴情のもつれの出来事のような、人間味のある表現に思えますが、正しくは「**刃傷沙汰**」と書き、「刃物で人を傷つけること」、つまり傷害事件のことです。「**縊死（いし）**」という言葉も耳慣れませんが、これは「首つり死」のことで、「縊首（いしゅ）」といいます。ほか「轢死（れきし）」…轢かれて死ぬこと。「斃死（へいし）」…野垂れ死ぬこと。「客死（きゃくし）」…旅先で死ぬこと。などなど。このような死に方はできれば避けたいですが、読めるようにはなりましょう。

ひとことメモ

日本海や東シナ海の領海侵犯を報じるニュースで、「拿捕（だほ）」という言葉をよく耳にします。これは「軍艦などが他国の船舶を支配下に置き、占領すること」という軍事用語。船には独自の表現が使われます。

見るだけで「耗弱」しそうな医療用語の読み方

● 「やまいだれ」の漢字が頻出

医療の世界は、難読語の宝庫です。「壊疽（えそ）」、「疥癬（かいせん）」など、難しい病状を挙げるときりがありませんから、ここでは一般的な医療用語に絞って紹介します。

「疾病（しっぺい）」 の意味は「病気」と同じですが、より専門性の高い言葉として使われます。保険のCMで「三大疾病」などと使われています。

「耗弱（こうじゃく）」 は「すり減って弱くなること」で、「病気とストレスで心神耗弱」といった使われ方をします。

また、お医者さんとの会話では「誤嚥（ごえん）」…食べ物が誤って気管に入ること、「糜爛（びらん）」…ただれることなどもよく登場します。

ひとことメモ

ちなみに「三大疾病」の内容は「がん、急性心筋梗塞、脳卒中」。「五大疾病」だと「三大」に加えて「高血圧性疾患、糖尿病」。「七大疾病」だと「五大」に加えて「肝硬変、慢性腎不全」。かかりたくないですが、覚えておきたいですね。

接待で恥をかかないために「相伴」「慧眼」を読む

● **接待の席で語彙力が試される**

接待の席などで、相手を持ち上げるためにうまく使いたい難読語があります。まず「**相伴（しょうばん）**」。まさに「ともに接待を受ける」という意味です。その際、「相伴する」とはいわずに、「ご相伴にあずかる」という定型の表現で使うということを覚えておきましょう。

続いて「**慧眼（けいがん）**」。会席で「さすが先生、慧眼ですね」などと使います。これは「一切は空（くう）であるという心理を見通す目」という仏教用語の「えげん」に由来していて、転じて「物事の本質を見抜く眼力」という意味になりました。

同じ読み方で「炯眼（けいがん）」と書く場合もありますが、意味はほぼ同じです。

ひとことメモ

元気な人には、「横溢（おういつ）」（「旺溢」とも）もホメ言葉でしょう。「気力体力があふれるほど盛んなこと」の意味があります。より年配の人に対しては、「老いてなお丈夫なこと」を指す「矍鑠（かくしゃく）」という表現もあります。

書けない、読めない「熨斗」 お祝いの品の難読語

● 語源から覚えておきたい言葉

晴れの舞台、おめでたい席で用いる言葉にも、難読語は多々潜んでいます。ふだんは「のし袋」「のし紙」などひらがなで使われることが多いですが、「**熨斗**」と漢字で書かれていると、とたんに読めなくなる人も多いのではないでしょうか。

熨斗の語源は、神仏への供え物から由来していて、縁起物とされたアワビを薄くのして、贈り物の右肩に貼るしきたりからきています。

「**御神酒（おみき）**」は、神仏に供えるお酒のこと。ちなみに、正月に飲むお酒は「**御屠蘇（おとそ）**」です。そして「**祝詞（のりと）**」は、神道において、神職が神様に奏げる言葉のこと。捧げることを意味する「**奏上（そうじょう）**」という言葉とセットで覚えたいですね。

ひとことメモ

「熨斗をつける」というとおめでたい言葉に聞こえますが、「熨斗をつけてくれてやる」「熨斗をつけてお返しする」というと、「喜んでくれてやる」「倍にして返してやる」など強気の意味合いになりますので、使い方には注意しましょう。

日本人らしい表現「含羞」「逡巡」「婉曲」

●繊細な場面で使いたい難読語

　日本人らしい感覚として、恥じらいや奥ゆかしさがあります。そんな繊細さを表す単語も数多くありますので、使いこなしましょう。

「恥じらい、はにかみ」を表す言葉が「**含羞（がんしゅう）**」です。「含羞む」と書いて「はにかむ」と読むことも覚えておきましょう。

　続いて「ためらう」ことは「**逡巡（しゅんじゅん）**」といいます。似た表現に「**躊躇（ちゅうちょ）**」がありますが、こちらは「一瞬の迷い」といった場面で使われます。「躊躇う」と書いて「ためらう」と読むことも覚えましょう。

　直接的ではない、遠回しな物言いのことは「**婉曲（えんきょく）**」といいます。物事を遠慮したり断ったりする際などに使われる表現です。

ひとことメモ

「含羞む」「躊躇う」以外にも、独特な読みの言葉があります。「狼狽」が変化した「狼狽える（うろたえる）」は、「慌てて取り乱す」という意味です。また「嘲笑」が変化した「嘲笑う（あざわらう）」は、「人をばかにして笑う」ことです。

女性の個性を表す「御侠」「御転婆」とは？

●「御」をつけると女性の意味に

元気の良い女性を表す表現に、「おきゃん」「おてんば」があります。それぞれ漢字では**「御侠」「御転婆」**と書きます。「おきゃん」は「活発で軽はずみな若い女性」、「おてんば」は「男勝りで恥じらいのない若い女性」と、辞書からはやや否定的なニュアンスも感じられます。

「御」の字は、女性を意味しています。「侠」は元は「侠気（きょうき）」とか「義侠（ぎきょう）」というように、男らしさを表す言葉でした。それに「御」がついて、「男勝りの女性」という意味になりました。「転婆」も、もとは「そそっかしい」を意味する男女共通語でしたが、これに「御」がついて「活発に行動する女性」という意味になったのです。

ひとことメモ

「おてんば」の語源には、別の説もあります。『大言海』という辞書では、「ontembaar（オンテンバール）」（飼い慣らせない、負けん気の強い）というオランダ語に由来するとされます。外来語に当て字をしたというこの説も、おもしろいですね。

悪いヤツに使う「籠絡」と「奸計」

● はかりごとの裏に女性あり？

古代中国では、はかりごとにまつわる言葉が数多く生まれました。現代の社会でも、生き残っている言葉は多いようです。

「**籠絡（ろうらく）**」という言葉は、ピンとこないかもしれません。「他人を巧みに手なずけて、思いどおりに操ること」という意味。「籠」は元は「竹かご」の意味で、そこから「丸め込む」「閉じこめる」などの意味が生まれました。「懐柔（かいじゅう）」も近い意味です。

「悪賢い」ことを意味する「**奸（かん）**」の字も、はかりごとを表す言葉に多用されます。もとは「よこしまな心を持つ女性」からきており、「奸計（かんけい）」（邪悪な企み）、「奸臣（かんしん）」（腹黒い家臣）などの表現に使われます。

ひとことメモ

「奸」の字に女偏が使われていることを不快に思う女性も多いでしょう。「奸」と同義の「姦」も、悪印象です。「姦」の訓読みの「姦しい（かしましい）」は、女性が3人集まって「騒々しい」という意味ですから、使わないほうがよいでしょう。

やっかいな人を評するときに使う難読語

● 居丈高＝座高が高い＝見下す

　苦手な人、付き合いづらい人を評する難読語も、日本語にはたくさんあります。偉そうな人、高圧的な人には「**居丈高（いたけだか）**」という表現があります。もともと、「居丈が高い」とは「座高が高い」ということ。そこから「座ったときに背を伸ばし、相手を見下す」ことになり、相手を威圧する意味に転じました。

　四字熟語にも、やっかいな人を指す独特の表現があります。「**一言居士（いちごんこじ）**」は「何か言わないと気が済まない人」、「**慇懃無礼（いんぎんぶれい）**」は「表面は丁寧に振る舞いつつ、心中では見下しているさま」です。あなたのまわりでも、思わず「いるいる！」と、誰かの顔が頭に浮かぶのではないでしょうか。

ひとことメモ

本来、「慇懃」は「礼儀正しく丁寧」なことですから、良い意味で使われます。たとえば、礼儀不要という意味の「無礼講（ぶれいこう）」という言葉がありますが、その反対の「慇懃講」は「礼節を重んじる集まり」という意味になります。

「貶める」「騙る」「唆す」負のイメージの動詞たち

● 権力闘争の裏で飛び交う言葉

はかりごとにまつわる難読語は、名詞だけでなく動詞にも多く見られます。**ネガティブな言葉**ばかりです。

「訝る（いぶかる）」……怪しむ
「穿つ（うがつ）」……詮索する
「貶める／蔑む（おとしめる／さげすむ）」
　　　　　……見下す
「騙る（かたる）」……だます、偽る
「謗る（そしる）」……けなす、非難する
「唆す（そそのかす）」……悪いほうに誘導する
「弄ぶ（もてあそぶ）」……思うままに操る

日常で使う場面は少ないかもしれませんが、時代小説や推理小説でもよく出てくる言葉ですので、理解を高めるためにも覚えましょう。

ひとことメモ

「顰める」は、主体となる言葉によって読み方が変わる、やっかいな難読動詞です。「顔を顰める」の場合は「しかめる」で、「眉を顰める」の場合は「ひそめる」になります。どちらも「不快でしわを寄せる」という意味の類義語です。

「強ち」「徐に」「専ら」
難読接続詞・副詞の世界

● **文章の格調を高める名脇役たち**

昨今、接続詞や副詞はひらがなで書くのが一般的です。ですが、**過去の文献やかしこまった場では、漢字で書かれていることも少なくありません。**突然出くわしても、戸惑わないように。

「強ち（あながち）」……必ずしも、一概に
「苟も（いやしくも）」……仮にも
「徐に（おもむろに）」……ゆっくり、穏やかに
「奇しくも（くしくも）」……偶然にも
「悉く（ことごとく）」……すっかり、残らず
「忽ち（たちまち）」……瞬く間に、すぐさま
「因みに（ちなみに）」……ついでに言うと
「専ら（もっぱら）」……ひたすら

漢字自体はそう難しくないのですが、読み方が独特ですので、読み慣れておきましょう。

ひとことメモ

上記の言葉で、時代を経て意味を取り違えるようになったものがあります。たとえば「徐に」は「ゆっくり落ち着いて行動する」が正解ですが、いつの間にか「突然に、不意に」という意味に誤用するケースが増えていますので、要注意です。

「不撓不屈」「不惜身命」
横綱昇進にみる難読語

● **昇進の口上は四字熟語の宝庫**

相撲の世界では、横綱や大関に昇進する際に、四字熟語を用いて口上を述べるのが流行となっています。ふだん聞き慣れない言葉も多いので、難しいものを振り返ってみましょう。

1993年、当時の関脇だった貴乃花が大関に昇進した際に、口上で「**不撓不屈（ふとうふくつ）**」と述べました。「困難にあってもひるまず、くじけないこと」という意味です。「撓」は訓読みでは「撓む」（たわむ）ですから、「たわまず、屈しない」ということになります。

貴乃花が横綱に昇進した際は「**不惜身命（ふしゃくしんみょう）**」と述べています。これは「自分の身命を惜しまず、懸命にやり遂げる」という意味の仏教用語です。

いっぽう、貴乃花の兄である若乃花は、横綱昇進時の口上で「**堅忍不抜（けんにんふばつ）**」と述べました。これは「強固な意志で困難を耐え忍び、動じない」という意味です。大相撲を大いに盛り上げ、一時代を築いた若貴兄弟は、四字熟語を交えた口上を定着させたパイオニアでもあったのです。

課長から新入社員のみなさんに、仕事のうえでの心構えについてお話があります。

最初は困難なことがあるでしょう。でも「ふぎょうふくつ」の精神で乗り越えてください。

昇進時の口上で使われた四字熟語

「精神一到(せいしんいっとう)」
…精神を集中すれば、何事も成し遂げられる
(白鵬・2007年横綱昇進)

「力戦奮闘(りきせんふんとう)」
…力の限り努力すること
(琴光喜・2007年大関昇進)

「万里一空(ばんりいっくう)」
…一つの目標に向かって努力を続けること
(琴奨菊・2011年大関昇進)

ひとことメモ

1994年、当時の関脇・貴ノ浪が大関昇進時の口上で述べたのが「勇往邁進(ゆうおうまいしん)」でした。「困難を恐れず、勇ましく前進する」という意味です。「going full speed ahead」と、英語でも同じ意味の表現があります。

東京・大阪の難読地名

〈東京〉

福生
ふっさ
※米軍横田基地

保谷
ほうや
※西武池袋線の駅。
HOYA 発祥の地

麻布狸穴町
あざぶまみあなちょう
※ロシア大使館

内幸町
うちさいわいちょう
※日比谷公園

椚田
くぬぎだ

飛田給
とびたきゅう
※京王線の駅。
味の素スタジアム

九品仏
くほんぶつ
※東急大井町線の駅。
九体の阿弥陀如来像を安置する「九品仏浄真寺」に由来

荏原中延
えばらなかのぶ
※東急池上線の駅

新馬場
しんばんば
※京急本線の駅

雑色
ぞうしき
※京急本線の駅

ひとことメモ

光学ガラスメーカーで、コンタクトレンズなどでも知られる「HOYA」。ただし現在、本社は西新宿にあります。家電量販店の「ヨドバシカメラ」は、かつて存在した「淀橋区」(現在の西新宿あたり)で創業したことに由来します。

日本全国の「難しい名前の地名」を紹介します。まずは東西の大都市、東京と大阪から。住んでいないと読めない地名ばかりです。

〈大阪〉

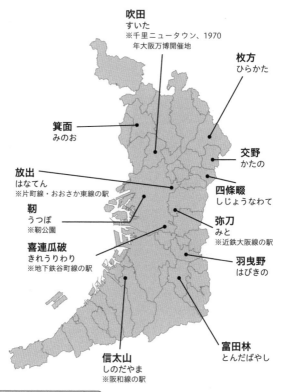

吹田
すいた
※千里ニュータウン、1970年大阪万博開催地

枚方
ひらかた

箕面
みのお

交野
かたの

放出
はなてん
※片町線・おおさか東線の駅

四條畷
しじょうなわて

靭
うつぼ
※靭公園

弥刀
みと
※近鉄大阪線の駅

喜連瓜破
きれうりわり
※地下鉄谷町線の駅

羽曳野
はびきの

富田林
とんだばやし

信太山
しのだやま
※阪和線の駅

ひとことメモ🖉

喜連瓜破駅のある大阪市営地下鉄谷町線は、難読駅名だらけ。野江内代（のえうちんだい）、関目高殿（せきめたかどの）、千林大宮（せんばやしおおみや）など、ふたつの地名（「喜連」「瓜破」など）を合体させた駅名が特徴です。

北海道・東北の難読地名

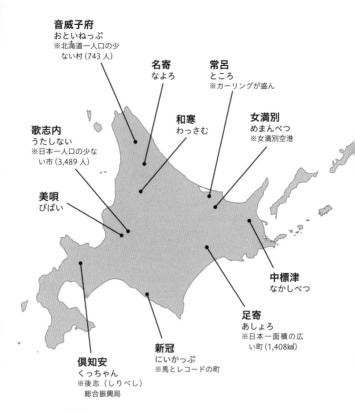

ひとことメモ

アイヌ語を語源とする北海道の独特な地名。「内」は「川、沢」、「別」は「(大きな)川」、「幌」は「大きい、広い」を意味します。大きな川、そして大地を誇る北海道ならではの雄大さが、地名からも感じられます。

広大な北海道・東北エリアには、難読地名も多数。知られざる無人駅に、難読駅名が多く見られます。

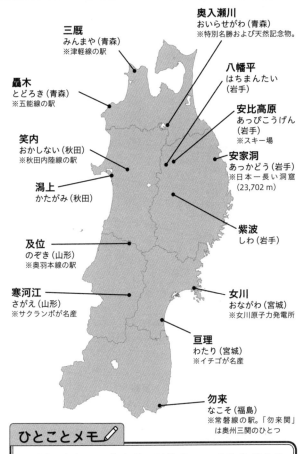

奥入瀬川
おいらせがわ（青森）
※特別名勝および天然記念物。

三厩
みんまや（青森）
※津軽線の駅

八幡平
はちまんたい（岩手）

轟木
とどろき（青森）
※五能線の駅

安比高原
あっぴこうげん（岩手）
※スキー場

笑内
おかしない（秋田）
※秋田内陸線の駅

安家洞
あっかどう（岩手）
※日本一長い洞窟（23,702 m）

潟上
かたがみ（秋田）

紫波
しわ（岩手）

及位
のぞき（山形）
※奥羽本線の駅

女川
おながわ（宮城）
※女川原子力発電所

寒河江
さがえ（山形）
※サクランボが名産

亘理
わたり（宮城）
※イチゴが名産

勿来
なこそ（福島）
※常磐線の駅。「勿来関」は奥州三関のひとつ

ひとことメモ

三厩のように、青森県には数字のつく地名があります。五所川原（ごしょがわら）、十和田（とわだ）など。とくに有名なのは「戸」でしょう。岩手県にまたがり、一戸（いちのへ）から九戸（くのへ）まで存在します。ただし、「四戸」だけありません。

関東の難読地名

祖母島
うばしま（群馬）
※吾妻線の駅

治良門橋
じろえんばし（群馬）
※東武桐生線の駅

邑楽
おうら（群馬）

男衾
おぶすま（埼玉）
※東武東上線の駅

秦野
はだの（神奈川）

真鶴
まなづる（神奈川）

ひとことメモ

難読地名の"東の横綱"と呼ばれる匝瑳（そうさ）市。"西の横綱"と呼ばれる兵庫県の宍粟（しそう）市とタッグを組み、両市の知名度アップを狙った交流が続いています。難読地名が、地域活性化のきっかけとなりました。

千葉〜茨城は、日本有数の難読地名エリアです。見かけない漢字から、「普通、その読み方はしないでしょう」というものまで。

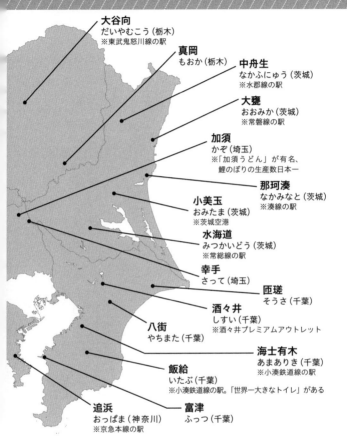

大谷向
だいやむこう（栃木）
※東武鬼怒川線の駅

真岡
もおか（栃木）

中舟生
なかふにゅう（茨城）
※水郡線の駅

大甕
おおみか（茨城）
※常磐線の駅

加須
かぞ（埼玉）
※「加須うどん」が有名、鯉のぼりの生産数日本一

那珂湊
なかみなと（茨城）
※湊線の駅

小美玉
おみたま（茨城）
※茨城空港

水海道
みつかいどう（茨城）
※常総線の駅

幸手
さって（埼玉）

匝瑳
そうさ（千葉）

酒々井
しすい（千葉）
※酒々井プレミアムアウトレット

八街
やちまた（千葉）

海士有木
あまありき（千葉）
※小湊鉄道線の駅

飯給
いたぶ（千葉）
※小湊鉄道線の駅。「世界一大きなトイレ」がある

追浜
おっぱま（神奈川）
※京急本線の駅

富津
ふっつ（千葉）

中部の難読地名

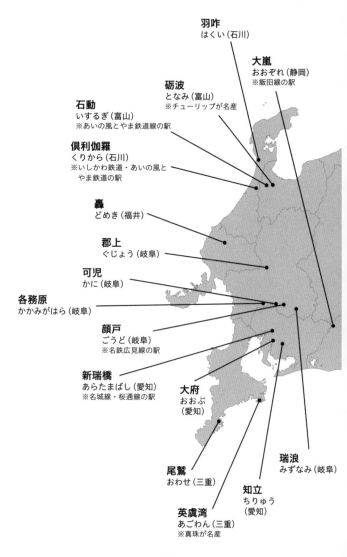

中部地方にも、難読地名が密集しています。激闘がくり広げられた古代〜中世の名残りもチラホラ。歴史に思いをはせてはいかが？

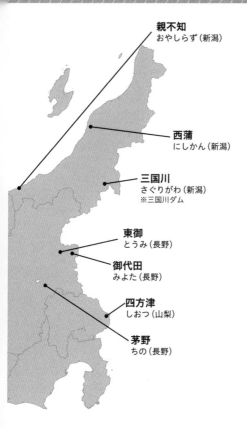

親不知
おやしらず（新潟）

西蒲
にしかん（新潟）

三国川
さぐりがわ（新潟）
※三国川ダム

東御
とうみ（長野）

御代田
みよた（長野）

四方津
しおつ（山梨）

茅野
ちの（長野）

ひとことメモ

源平合戦のひとつ「倶利伽羅峠の戦い」で知られる倶利伽羅。その語源は、倶利伽羅不動尊に安置された、剣に黒い龍が巻きついた不動明王であり、古代インドのサンスクリット語の「クリカ」に由来します。インドの言葉だったとは！

近畿の難読地名

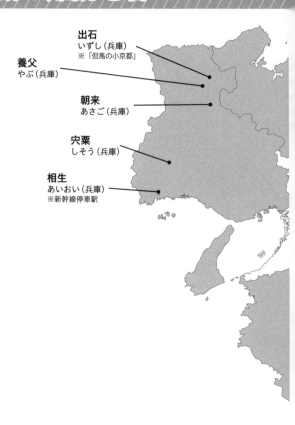

出石
いずし（兵庫）
※「但馬の小京都」

養父
やぶ（兵庫）

朝来
あさご（兵庫）

宍粟
しそう（兵庫）

相生
あいおい（兵庫）
※新幹線停車駅

ひとことメモ

先斗町の由来は諸説あります。室町時代、鴨川の西側（＝都の先端）にポルトガル人が住み着き、ポルトガル語で「先」を意味する「pont」からとられたという説。また、近くに橋（ポルトガル語で「ponte」）があったから、という説もあります。

古都を擁する京都、奈良エリアには、橿原、御所など由緒ある地名がたくさん。通りの一本一本まで、地名探索をしてみたいものです。

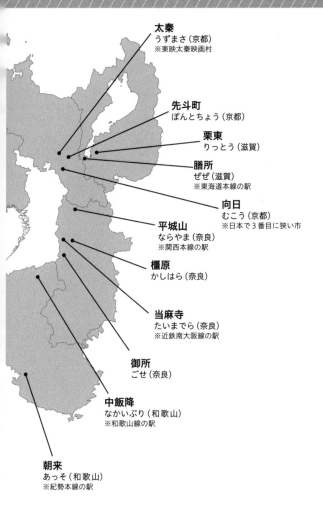

太秦
うずまさ(京都)
※東映太秦映画村

先斗町
ぽんとちょう(京都)

栗東
りっとう(滋賀)

膳所
ぜぜ(滋賀)
※東海道本線の駅

向日
むこう(京都)
※日本で3番目に狭い市

平城山
ならやま(奈良)
※関西本線の駅

橿原
かしはら(奈良)

当麻寺
たいまでら(奈良)
※近鉄南大阪線の駅

御所
ごせ(奈良)

中飯降
なかいぶり(和歌山)
※和歌山線の駅

朝来
あっそ(和歌山)
※紀勢本線の駅

中国・四国の難読地名

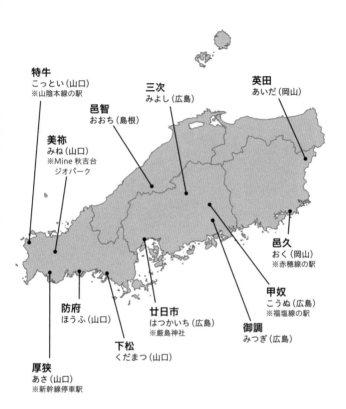

特牛
こっとい（山口）
※山陰本線の駅

邑智
おおち（島根）

三次
みよし（広島）

英田
あいだ（岡山）

美祢
みね（山口）
※Mine秋吉台ジオパーク

邑久
おく（岡山）
※赤穂線の駅

甲奴
こうぬ（広島）
※福塩線の駅

防府
ほうふ（山口）

廿日市
はつかいち（広島）
※厳島神社

御調
みつぎ（広島）

下松
くだまつ（山口）

厚狭
あさ（山口）
※新幹線停車駅

ひとことメモ

廿日市のように「〇日市」とつく地名は全国にあります。室町時代、全国で市が開かれ、その開催日や開催日数により、四日市や八日市などと名づけられました。十日市までは各地に見られますが、廿日市が残っているのは広島だけです。

瀬戸内海に臨む風光明媚なエリア。忽那（くつな）諸島、塩飽（しわく）諸島、日生（ひなせ）諸島など、島の名前が難読です。

小豆
しょうず（香川）
※小豆島は「しょうどしま」

讃岐牟礼
さぬきむれ（香川）
※高徳線の駅

上浮穴
かみうけな（愛媛）

肱川
ひじかわ（愛媛）

牟岐
むぎ（徳島）

祖谷渓
いやけい（徳島）
※日本三大秘境

大歩危・小歩危
おおぼけ・こぼけ（徳島）
※土讃線の駅

檮原
ゆすはら（高知）
※四国カルスト高原

宿毛
すくも（高知）

ひとことメモ

大歩危・小歩危という地名の由来は気になります。断崖を意味する古語「ほけ」に由来するという説のほか、「足場の石の間隔が狭く大股で歩くと危ない大歩危」「足場の石の間隔が広く小股で歩くと危ない小歩危」という説もあります。

九州・沖縄の難読地名

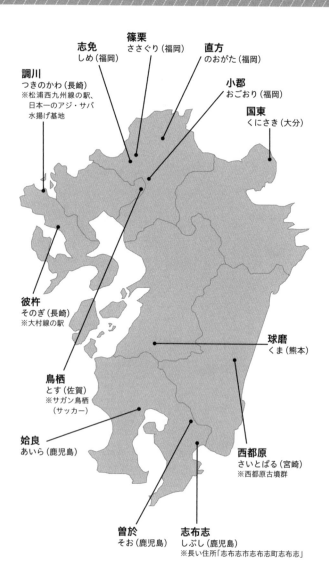

新幹線の開通で全国区となった難読地名もあります。出水（いずみ）川内（せんだい）など、単純だけど読めない地名・駅名多数！

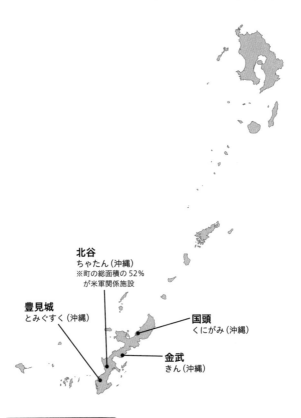

北谷
ちゃたん（沖縄）
※町の総面積の52％が米軍関係施設

豊見城
とみぐすく（沖縄）

国頭
くにがみ（沖縄）

金武
きん（沖縄）

ひとことメモ

ウチナーンチュ（沖縄の人）にしか読めないと思いきや、じつは沖縄の地名は定型があります。①豊見城の城は「ぐすく」、②北谷の谷は「たん」、③南風原（はえばる）の原は「ばる」と読みます。これが読み解くヒントになるかも。

パート2
おさらいテスト

理解度を確認するテストです。さっそく挑みましょう。

問1 正しい読み仮名を、記号で選びなさい。

(1) 酣　　ア たけなわ　　イ はなむけ
(2) 刃傷　　ア じんしょう　　イ にんじょう
(3) 疾病　　ア しつびょう　　イ しっぺい
(4) 婉曲　　ア えんきょく　　イ わんきょく
(5) 慧眼　　ア けいがん　　イ すいがん

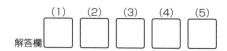

問2 漢字の正しいほうを、記号で選びなさい。

(1) ア 洒脱　　イ 酒悦
(2) ア 進捗　　イ 進渉
(3) ア 暫次　　イ 暫時
(4) ア 漸次　　イ 漸時
(5) ア 破錠　　イ 破綻

問3 空欄に入る漢字を、下から選び、記号で答えなさい。

(1) 驕□ きょうしゃ
(2) 瀟□ しょうしゃ
(3) □減 ていげん
(4) 独□場 どくせんじょう
(5) □□諤諤 かんかんがくがく
(6) □□囂囂 けんけんごうごう
(7) 改□ かいざん
(8) □災 りさい
(9) □捕 だほ
(10) 含□ がんしゅう

ア 洒　イ 喧　ウ 罹　エ 逓　オ 擅

カ 拿　キ 羞　ク 奢　ケ 竄　コ 侃

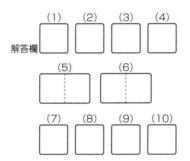

解答は112ページへ

問4 言葉の意味を、下から選び、記号で答えなさい。

(1) 阿諛追従　　　あゆついしょう
(2) 恙なく　　　　つつがなく
(3) 慚愧の念　　　ざんきのねん
(4) 心神耗弱　　　しんしんこうじゃく
(5) 熨斗を付ける　のしをつける
(6) 一言居士　　　いちごんこじ
(7) 慇懃無礼　　　いんぎんぶれい
(8) 姦しい　　　　かしましい
(9) 眉を顰める　　まゆをひそめる
(10) 徐に　　　　　おもむろに

ア ゆっくり、穏やかに

イ 身も心もすり減り弱ること

ウ 無事に、何事もなく

エ 不快でしわを寄せる

オ 倍にして返すこと

カ 何か言わないと気が済まない人

キ 騒々しい

ク 自分の罪を深く恥じること

ケ 表面は丁寧に振る舞いつつ、心中では見下すさま

コ 大いに媚びへつらうこと

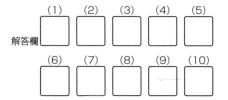

問5 地名の正しい読み仮名と、該当する都道府県名をそれぞれ選び、記号で答えなさい。

(1) 轟
(2) 姶良
(3) 厚狭
(4) 石動
(5) 宍粟
(6) 彼杵
(7) 勿来
(8) 及位
(9) 放出
(10) 酒々井

ア あさ	A 山形県
イ のぞき	B 福島県
ウ なこそ	C 千葉県
エ どめき	D 富山県
オ そのぎ	E 福井県
カ しそう	F 大阪府
キ しすい	G 兵庫県
ク あいら	H 山口県
ケ はなてん	I 長崎県
コ いするぎ	J 鹿児島県

解答欄

(1) (2) (3) (4)
(5) (6) (7) (8)
(9) (10)

解答は112ページへ

パート2
おさらいテストの答え

パート3
敬意のつもりが無礼……

粗相しないための敬語表現

「させていただく」はダメ⁉

変化しつづける敬語の「今」

　外国人にとって、日本語でもっとも難しいのが敬語だといわれています。日本人でも、敬語を使いこなせているという人は、なかなかいません。本章では使い分けの難しい表現、勘違いしやすい表現など、誰もがはまりやすいワナを紹介します。

　2007年に、文化庁が「敬語の指針」というガイドラインを発表しました。それによると、敬語は「尊敬語」「謙譲語」「丁重語」「丁寧語」「美化語」に5分類されます。本章では、相手を高める尊敬語、自分を低める謙譲語、物事を丁寧に表す丁寧語に大きく分け、それぞれの使い分けや言い換え語などを解説していきます。

　言葉は日々変化しており、敬語も、今までの正当な敬語が廃れたり、誤りとされた敬語が市民権を得たりと、流動的。正誤を決めつけず、状況により判断する、柔軟な姿勢を身に着けましょう。

では、スタート！　➡

「お疲れ様です」「ご苦労様です」を言う相手

● 苦労は「かけたほう」から「したほう」へ

社会に出て多くの人が最初に戸惑うのが、ねぎらいの言葉である「**お疲れ様です**」と「**ご苦労様です**」の使い分けではないでしょうか。結論としては、「お疲れ様です」と言っておけばまず間違いはないでしょう。

基本的に、「お疲れ様」は身分の上下に関係なく使え、「ご苦労様」は目上の人が目下の人に使うとされます。そもそもどちらの言葉も、身分の上下に関わりなく使われていましたが、「ご苦労様」については、「苦労をかける人（命じる人）から苦労をする人（請け負う人）へのねぎらいの言葉」という方向性が強まり、目上から目下へ、上司から部下へ使われるのが一般的になったとされます。

なお、より丁寧に「お疲れ様でございます」という言い方もありますが、逆に親しい間柄であれば「お疲れ」だけでもかまわないでしょう。ただし、顔を上げずに別の作業をしながらの「お疲れ」は、敬意以前の問題です。言葉遣いより前に、「相手の顔を見て挨拶をする」という基本は、忘れたくないものです。

NG会話例

 いや、今回のプロジェクトは本当に大変だったな。みんな、ご苦労様。

 課長こそ、立ち上げから納品までのスケジューリング、ご苦労様でした。

失礼なのは部下からの「ご苦労様」

上司 ⇨ 部下
ご苦労様 ○
お疲れ様 ○

部下 ⇨ 上司
ご苦労様です ✕ **NG!**
お疲れ様です ○

ひとことメモ

「ご苦労をおかけします」という表現を聞くことがあります。「おかけする」という謙譲語が入ってはいますが、やはり目下から目上に「ご苦労」というのはNGです。言い換えるなら「お手数をおかけします」「ご面倒をおかけします」などに。

さん？ 役職名？ 呼び捨て？ 社員の呼び方の法則

●「ウチ・ソト」の意識を明確に

商談のはじめに、自社を紹介する機会でどう呼ぶか戸惑うことも多いのではないでしょうか。まず大前提として、相手=他社を立てて、自分=自社から紹介します。たとえ自社が役員で他社が平社員であっても、「**ソト＞ウチ**」の順は同じですので、自社紹介が先です。

さて、自社紹介での言い方ですが、たとえば同行者が上司と部下のふたりいた場合、紹介は「上司→部下」の順になります。そしてどんな立場であれ、自社の人間には「さん」や「役職名」はつけず、**呼び捨て**で紹介します。役職名をつけたい場合は、必ず名前の前に。「こちらが課長の倉田でございます。こちらが担当の青木です」となります。

とくに「ウチ・ソト」の使い分けが難しいのは、電話です。たとえば倉田課長の身内から、課長あてに電話がかかってきた場合。電話を受けたあなたは「倉田課長（または「倉田さん」）はただいま席を外しております」と、課長を相手側とみなし、敬称をつけた表現にします。つねに関係性で捉えるよう心がけましょう。

NG会話例

課長、こちらがご担当の堀川さんです。堀川さん、こちらがわが社の倉田課長です。

うちの青木君が、いつもお世話になっております。

正しい紹介の順序

①「自社」の者を「先」に紹介

②「上司→部下」の順に紹介

③「呼び捨て」で紹介

ひとことメモ

上のNG会話例にありますが、自社のことを「わが社」と呼んではいけません。自社のことは「弊社」または「当社」、相手の会社は「御社」または「貴社」で統一しましょう。もちろん、「うちの○○が」という表現も、かしこまった場ではNGです。

使い分けたい「恐れ入ります」「申し訳ございません」

● **敬意を高める「クッション言葉」**

敬語は、尊敬語や謙譲語がすべてではありません。会話をより柔らかくする効果があるのが、日本語特有の「**クッション言葉**」です。

まずは相手に何かを尋ねたり、依頼したりする場合。「恐れ入りますが」「お手数をおかけしますが」「ご迷惑をおかけしますが」などが挙げられます。語尾も「〜していただけますか？」「〜していただいてもよろしいでしょうか？」とすると、さらにクッション度が高まります。こちら側からの押しつけではなく、相手に断る余地を残しておくことを忘れないよう。

逆に、相手からの依頼を断る場合も、クッション言葉は効果的です。「申し訳ございませんが」「せっかくですが」「あいにくですが」と前置きしたうえで、語尾は「お許しください」「ご容赦ください」などで締めると良いでしょう。さらに、「またの機会に、よろしくお願いいたします」と、次につなげる姿勢も肝心です。

「すみません」や「ごめんなさい」といった謝意の表現もありますが、クッション言葉にふさわしくないので、気をつけましょう。

NG会話例

すみません、この見積りの裏付けとなるデータを教えてもらえますか？

ごめんなさい、まだ資料がそろっていないんで、すみません。

クッション言葉の使い方

よろしくお願いします

恐れ入りますが

ご迷惑をおかけしますが

お手数をおかけしますが

ひとことメモ

自分から相手に何かを申し出る場合は、「よろしければ〜いたしましょうか？」というクッション言葉を使いましょう。逆に申し出を断る場合は、「お心遣いいただき、ありがとうございます」などのクッション言葉であれば、角が立ちません。

「させていただく」は どこまでOK？

●自発的な行為に「〜させていただく」は変

　昨今、よく耳にする敬語表現に「〜させていただく」があります。テレビを見ていても、タレントが「番組に出させていただいて」とか、スポーツ選手が「試合で勝たせていただいて」など、とくに若い世代が頻繁に使っています。

　もとは「する」の謙譲語なので、スピーチで「本日の司会を務めさせていただきます」などと使うのは、敬意の高い表現です。

　気になるのは「会社を休ませていただきます」「ご遠慮させていただきます」といった表現。通常、「司会を務める」のは誰かに頼まれる「使役表現」のため、「務めさせていただく」で合っているのですが、「休む」や「遠慮する」は相手とは関係ない自発的な行為ですから、「させていただく」とへりくだるのは不自然です。

「会社を休みたいのですが、よろしいでしょうか」「ご遠慮いたします」が正しい表現です。

　若い人たちが、へりくだろうと気にするあまり、何にでも「させていただく」とする風習が広まったのでしょう。「おトイレに行かせていただきます」はNGです。

NG会話例	
	ぜひキミに、今回の役目を引き受けてもらいたいのだが。
	お気持ちはありがたいのですが、ご遠慮させていただきます。

休むときはこう言う

✗ 会社を休まさせていただきます

✗ ご遠慮させていただきます

正しくは

○ 会社を休みたいのですが、よろしいでしょうか

○ ご遠慮いたします

ひとことメモ

「させていただく」ブームのなかでも、違和感がないのは「学ばせていただく」「勉強させていただく」といった表現。これらは学びや勉強の対象が「相手」なので、相手を敬って「〜させていただく」というのは自然な敬語です。

「〜のほう」「〜から」
マニュアル敬語に注意

● 婉曲的な表現だけがマニュアル化

　お店のレジでの「お会計のほう、2000円になります」「5000円からお預かりします」といったやりとり、どこかおかしいですよね。こういった、接客の場面などでよく見られる表現を「マニュアル敬語」と呼んだりします。

　まず「**〜のほう**」は、飲み物で「コーヒーか紅茶か」と尋ねられて「紅茶のほう」と答えるならわかりますが、レジでは会計と何かを選ぶわけではないので、「〜のほう」は不要です。

　「**〜になります**」は、取引で値引きなどの経緯があった結果として「2000円になった」という場合なら使えます。でも普通は「2000円です」で十分。あえて丁寧に言うなら「2000円でございます」が正しい敬語です。

　最後に「**〜からお預かりします**」。これはお釣りの有無で変化する表現で、2000円を渡したなら「2000円ちょうどいただきます」となり、問題なし。冒頭の例のように5000円札だとお釣りが生じるため、「5000円から」という表現になったと推測されます。ただ、これも「5000円お預かりいたします」が正しい表現です。

NG会話例

> 本プロジェクトの担当者から、企画内容を説明します。

> お手元にあるのが企画書になります。1ページ目のほうから順に説明いたします。

接客で不適切な言葉遣い

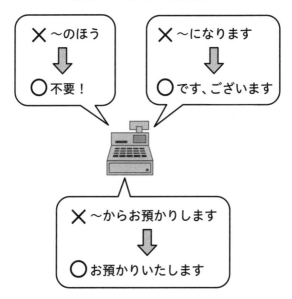

- ✗ 〜のほう → ○ 不要！
- ✗ 〜になります → ○ です、ございます
- ✗ 〜からお預かりします → ○ お預かりいたします

ひとことメモ

なぜこのようなマニュアル敬語が定着したかというと、とくに金銭のやり取りをする場面で、なるべく断定的・直接的な物言いを避け、やんわりと遠回しに伝えたいという、消極的な日本人らしい心理が働いているためだと思われます。

「お世話様です」では敬意が低い

● 万能の挨拶「お世話になっております」

社外の人に対しての挨拶は「**お世話になっております**」が一般的です。昼夜を問わず、相手の立場を問わず、対面でも電話でもメールでも使える、たいへん便利な挨拶です。

ただ、気をつけたいポイントがあります。まったく初対面の相手には「お世話になって」いないため、普通は「はじめまして」と挨拶したうえ、自己紹介から始めましょう。その相手が社内の誰かと知り合いの場合は、「〇〇がお世話になっております」とすれば問題ありません。

なお、簡略化して「お世話様です」という挨拶もありますが、敬意が低いので対外的には使えません。「お世話様でございます」と言ったとしても、敬意が高いことにはなりません。

ひとことメモ

では「お世話様」はどういうときに用いるのでしょう。意味合いとしては「お世話様」は「ご苦労様」に近い、と覚えましょう。たとえば配送業者が荷物を届けてくれた場合、「お世話になっております」より「お世話様です」がふさわしいのです。

容認されつつある「お求めやすい」

● 本来は尊敬表現でない「お～やすい」

お店のチラシやテレビコマーシャルを見ると、「お求めやすい価格」という表現であふれています。すっかり定着した印象もありますが、厳密には間違いであることを知っておきましょう。

「お求めやすい」のほかにも、「お動きやすい」、あるいは「お話しづらい」「お使いにくい」など、「お＋動詞＋やすい／づらい、にくい」という表現はよく目にします。ただしこれらは尊敬表現ではありません。尊敬語「お求めになる」に「やすい」をつけた、**「お求めになりやすい」**が正しい敬語です。

ちなみに、「お求めやすい」があまりにも普及したため、尊敬表現として認めても良いのでは、とする風潮もあります。

ひとことメモ

「お求めになる」は、「買う」の婉曲的な表現「求める」の尊敬語にあたります（「お買い求めになる」とも）。また、「売る」の婉曲的な表現は「譲る」です。金銭にまつわる言葉には、こうした婉曲的な表現がよく使われます。

自分の行為に「お」「ご」は必要？

● 対象を敬った謙譲表現ならOK

接頭語の「お」「ご」は、尊敬語や謙譲語のなかで使われますが、「自分の行為」につけると不遜に見られる場合があります。

たとえば「部長に収支をご報告いたします」という謙譲表現の場合。この文の隠れた主語は「私」であり、「部長」という対象人物への行為のため、「ご報告」という表現はふさわしいといえます。それが「私が収支をご報告いたします」だと、対象人物が消えて「私」という主語が現れるので、違和感が生じます。

ただし「私」も「部長」もなく、単に「収支をご報告いたします」という文はOK。対象人物が明確でなくても、この「ご報告」は謙譲表現だと、多くの人が暗に理解しています。

ひとことメモ

ビジネスでは、「報告」以外にもこのような使い方をする言葉が多くあります。「確認」「説明」「連絡」「相談」「案内」「提案」など。多くは「ご」つきでも問題ありませんが、「私」という主語が明確な場合は「ご」なしが無難でしょう。

もらう前に「つまらない」と言われても……

● **言い換えるなら「心ばかりの」「ささやかな」**

　手土産を人に渡すとき、「つまらないものですが」「たいしたものではありませんが」とへりくだる、定番の表現があります。本来は「(あなたから見れば) つまらないもの (たいしたものではない) かもしれませんが」という、相手を立てて自分を低める、日本人らしい謙遜表現なのですが、「つまらない」「たいしたものではない」の部分に、単純に気を悪くする人がいることも否めません。

　そこで言い換えですが、「**ほんの心ばかりですが**」という表現なら、謙遜も込められていて問題ないでしょう。「気に入っていただけると (お気に召すと) うれしいのですが」というのも、代わりに使える便利な表現です。

ひとことメモ

今はあまり使われなくなりましたが、「つまらないもの」に類する、自分を低める表現は数多くあります。多いのは「小、粗、薄、拙、愚」などの接頭語で、「小社」「粗品」「薄謝」「拙宅」「愚妻」など、さまざまな言葉として使われます。

「とんでもございません」はとんでもない!

● 「とんでもない」には「こと」をつける

　苦労や迷惑をかけてしまった相手から、「とんでもございません」と返されることがあります。ごく普通に使われる謙譲表現のように思われますが、じつは「とんでもない」誤用です。

　そもそも「とんでもない」は、「とんだ」や「とんでもある」の変化形ではなく、「とんでもない」(=めっそうもない) という一語の形容詞。つまり、「とんでもありません」も「とんでもございません」も、文法的に誤り。正しくは、「とんでもない」の後に「こと」をつけて、「**とんでもないことです**」か「**とんでもないことでございます**」です。

　あるいは、やや古風な表現ですが「とんでものうございます」ならかまいません。

ひとことメモ

近い使い方をする表現に「もったいない」(=恐れ多い) があります。「もったいないお言葉」などと使いますが、「もったいありません」「もったいございません」は誤り。「もったいないことです」「もったいないことでございます」が正解です。

「どちら様」「どなた様」は なるべく使わない

●だれ？ どなた？ 敬語で名前を尋ねる方法

電話でも会社の受付でも、時に名乗らないお客様がいます。そんな場合、敬語でどう聞き返せばよいのでしょうか。

「誰ですか」を敬語にすると、「どちら様（どなた様）でしょうか」となりますが、突き放したような失礼な印象があります。そこで、クッション言葉を用いて「失礼ですが、どちら様でしょうか」とすると、印象がやわらぎます。また、「どちら様」以外の敬語表現として、「お名前を伺ってもよろしいでしょうか」、これがもっとも失礼のない尋ね方になります。

なお、「**お名前を頂戴してもよろしいでしょうか**」という表現も聞きますが、名前は頂戴するものではないので、文法的に誤りです。

ひとことメモ

電話の相手や訪問者が、誰に用事があるのか、わからない場合があります。そんなとき、「恐れ入りますが、誰（どちら）にご用でしょうか」と言いたくなりますが、自社を低めて「どの者にご用でしょうか」とするのが敬語として適切です。

あいまい表現の代表「結構」の正しい使い方

● **目上の人には避けたい「結構」「構いません」**

「結構」という言葉は便利ですが、複数の意味をもつため、使い方には注意が必要です。たとえば「お水で結構です」と「お水は結構です」と言う場合。前者は「水で大丈夫です」という肯定の意味、後者は「水は不要です」という否定の意味と、「で」と「は」の違いで、反対の意味になります。そのため、まず混同を避けるため使わないほうが無難です。

また、「結構です」と同義で「構いません」という表現もありますが、どちらも敬意はないため、突き放したような冷たい印象を与えがちです。そんな場合は「**遠慮いたします**」か、さらにへりくだって「**お気持ちだけ頂戴します**」とすれば、正しい表現になります。

ひとことメモ

「結構」に並ぶあいまい表現の代表として、「大丈夫」も挙げられます。こちらはもともと肯定の意味のみでしたが、最近は「いえ、大丈夫です」というように、やんわりと申し出を退けるような場面でも使われるようになりました。

「了解しました」?
「承知しました」?

● **マナー本で広まった謙譲語**

ビジネスの場で、承諾を意味する「了解しました」という表現が定着していますが、「目上の人に使うのは失礼」という説もあり、議論が続いています。

たしかに「了解」という言葉そのものに敬意は込められていませんが、丁寧語ではあるので、目上の人に対して特別失礼、というわけではありません。それより、よりビジネスにふさわしい表現として「**承知しました**」や「**承りました**」といった謙譲語が、マナー本などで推奨されるようになった経緯があったのです。

「了解いたしました」と語尾を言い換えても敬意が高まったことにはなりません。「了解です」は、よりくだけた表現なのでNGです。

ひとことメモ

承諾を意味する言葉でもっとも敬意が高いのは「かしこまりました」です。漢字で書くと「畏まりました」となり、意味がわかりやすいですね。なお、「了承しました」は「了解」と同じで敬意は込められていないので、注意しましょう。

「参考になりました」は目上に対して失礼か

● 参考は「参考程度」。「勉強」がふさわしい

教えてもらった相手に対して、「たいへん参考になりました」と感謝することがあります。ところがこの表現、敬意が高いとはいえません。

言葉遣いそのものは正しいのですが、問題は「参考」。「参考程度」という言葉があるように、「足しになった」という程度の軽めのニュアンスのため、目上の人に対しては失礼にあたります。言い換えるなら、「**勉強になりました**」や「勉強させていただきました」がふさわしいでしょう。「学ばせていただきました」も、より謙虚な姿勢が感じられて好印象です。

ただし、「勉強」は連発すると軽く感じられるので要注意。相手の話を最後まで聞いて、終わり際にだけ使う、そのタイミングが肝心です。

ひとことメモ

「感心」という言葉も注意が必要。「感心いたしました」と敬意を込めたとしても、「感心」そのものに上からねぎらう意味があるためです。この場合は「感銘を受けました」が正解。「感動」も敬意はないので、使わないほうが無難です。

「なるほど」に敬意は込められていない

● **相づちは言葉よりも態度で**

相手の話を聞くとき、どのように相づちを打てば良いのでしょう。「なるほど」が口癖になっている人も多いのではないでしょうか。

「なるほど」は相手を評価するようなニュアンスがあり、敬意は込められていません。ビジネスの場ではやや偉そうに見られます。深く同意するつもりで「なるほど」をくり返すと、適当に流されているようで相手はムッとするかもしれません。「なるほどですね」でも同じです。

敬意のある相づちは「**おっしゃるとおりです**」や「**ごもっともです**」などですが、これらも大げさな印象を与えます。むしろ、相手の目を見て軽くうなずくだけ、そんな態度のほうが相手に好印象を持たれる場合が多いでしょう。

ひとことメモ

英語では、相手の話を聞く態度のほうが重視され、相づちはあまり打ちません。でも、相づちのフレーズはたくさんあります。「はい」に近い、軽い相づちなら「I see」。「そのとおり」と同意を強めたい場合は「Exactly」などがあります。

「ご利用してください」?
尊敬が謙譲に

● 「ご〜する」ではなく「ご〜になる」

「お知らせします」「ご説明いたします」など、通常、「お(ご)+動詞+する(いたす)」という言い方は、自分が動作をする際の謙譲表現です。ところが「ご記入してください」「ご利用されますか」というように、相手の動作、すなわち尊敬語として用いる場合が目につくようになりました。

「記入」や「利用」といった動作の主体は相手ですから、尊敬表現を使うべきところを、「ご〜する」とへりくだる謙譲語を用いてしまっているため、おかしく感じられるのです。

相手が主体となる場合は、「ご記入なさってください」「ご利用になりますか」と、尊敬語の**「なさる／になる」**を用いるのが、正しい表現です。「ご記入いただけますか」「ご利用なさいますか」など、**「いただく／くださる」**の疑問形にすると、より敬意が高まります。また、「ご利用くださいませ」と、クッション効果のある助動詞「ませ」をつければ、言葉が柔らかくなります。なお、「ご利用ですか」と簡略化した表現は、敬意以前に文法的に問題です。

NG会話例

こちらのアンケートには、どのように答えたらよいのでしょうか。

どうぞ、思ったことをご自由にご記入くださって結構ですよ。

「記入」と「利用」の敬語

ご記入
- してください ×
- なさってください ○
- いただけますか ○

ご利用
- ですか ×
- されますか ×
- になりますか ○
- なさいますか ○

ひとことメモ

相手に依頼する表現では、語尾をより丁寧にすると敬意が高まる法則があります。「待つ」を例にとれば「お待ちください」→「お待ちくださいますか」→「お待ちくださいませんか」と、「ますか」→「ませんか」の順に敬意が高まります。

「ご乗車できません」はいけません

● 「ご〜できる」は人が相手にへりくだる表現

　お店の張り紙や駅のアナウンスなどで、「商品はすべてお持ち帰りできます」「次の電車にはご乗車できません」といった言い方を見聞きすることがあります。ですが、これらの表現は敬語になっていません。

「お（ご）＋動詞＋できます（できません）」は、謙譲語の可能表現で、行動する主体者が相手にへりくだって言うものです。たとえば、「くわしい事情は、お話しできません」という文なら、話す人＝当人が相手にへりくだっているのがわかります。ところが最初の２例だと、「持ち帰る」「乗車する」主体は相手なのですから、謙譲語ではなく尊敬語にする必要があります。

「持ち帰る」「乗車する」の尊敬語は、間に「に」が入った「**お持ち帰りになる**」「**ご乗車になる**」です。したがって、その可能表現である「お持ち帰りになれます」「ご乗車になれません」が正しい敬語です。あるいは、謙譲語の「いただけます（いただけません）」と組み合わせ、「お持ち帰りいただけます」「ご乗車いただけません」も、正しい敬語となります。

NG会話例

前回買ったときにもらったのですが、このクーポンは使えますか？

申し訳ございません。こちらは有効期限が切れておりまして、ご利用できません。

「できます」「できません」はNG

商品はすべてお持ち帰りできます　　　✕

商品はすべてお持ち帰りになれます　　○
商品はすべてお持ち帰りいただけます　○

次の電車はご乗車できません　　　　　✕

次の電車はご乗車になれません　　　　○
次の電車はご乗車いただけません　　　○

ひとことメモ

「ご乗車できません」のほかにも、交通機関では似た表現が多く見られます。「お乗り換えできます」「ご入場できます」「お試しできます」「お支払いできます」など。接客の業界用語として許容されつつあるのかもしれません。

「きょう」→「本日」
言い換えたい言葉たち

●丁寧でフォーマルな表現に変換

　日本語には「カジュアル」と「フォーマル」の使い分けがあります。仲間内とよそ行きで服装を着替えるように、言葉も場に応じて言い換えましょう。以下、いくつか紹介します。

　日本語には多くの「**指示代名詞**」があります。それらを言い換えるだけで印象が変わります。

「これ／この」→「こちら／こちらの」
「それ／その」→「そちら／そちらの」
「あれ／あの」→「あちら／あちらの」
「どれ／どの」→「どちら／どちらの」

　時間的な表現にも、言い換えが有効です。

「きょう」→「本日」
「きのう」→「昨日（さくじつ）」
「あした」→「明日（あす、みょうにち）」
「ことし」→「本年」、「去年」→「昨年」
「こないだ」→「先日」「さっき」→「先ほど」

　程度を表す副詞にも、言い換えが有効です。

「ちょっと、少し」→「少々」
「すぐに」→「さっそく、ただちに」
「もうすぐ」→「間もなく」

NG会話例

私あての電話があったそうだけど、誰かわかる人はいるかな?

ちょっと待ってください。さっきの電話は名古屋の支店長からでした。

「こ」「そ」「あ」「ど」一覧

	物・こと	場所	方角	性質や状態
こ 自分に近い	これ この	ここ	こちら (こっち)	こう こんな
そ 相手に近い	それ その	そこ	そちら (そっち)	そう そんな
あ 遠い	あれ あの	あそこ	あちら (あっち)	ああ あんな
ど わからない	どれ どの	どこ	どちら (どっち)	どう どんな

ひとことメモ

指示代名詞で、とくに「人」を指す言葉には注意しましょう。「この人」は「この方」、または「こちら様」になります(謙譲語では「この者」)。「だれ」と問う場合は、「どちら様」または「どなた様」になります(謙譲語では「どの者」)。

「さ入れ」「れ足す」は敬語ではない

● 「ら抜き」だけではない言葉の乱れ

長年問題となっている表現に「ら抜き言葉」があります。可能動詞と呼ばれる言葉は本来、「見られる」「食べられる」が正しいのですが、簡略化して「見れる」「食べれる」となった表現です。「ら抜き言葉」は「可能」の意味だけで敬意はありませんので、敬語ではないことを頭に入れておきましょう。

また、「さ入れ言葉」というものもあります。動詞に使役の「〜せていただく」がつく場合、たとえば「休む」でしたら「休ませていただく」が正しいのですが、余分な「さ」が入り「休まさせていただく」、となる言い方です。「させていただく」という敬意を強調したいがための表現かもしれませんが、誤りですのでご注意を。

ひとことメモ

「さ入れ」のほかに「れ足す言葉」も。たとえば「行ける」という可能動詞に不要な「れ」が入り、「行けれる」となった表現です。「さ入れ」も「れ足す」も、文法的に誤りであるうえに語感も不自然なので、気をつけましょう。

クッション的効果のある「ませ」の使い方

●女性的な表現、男性も効果的な使用を

「いらっしゃいませ」「お帰りなさいませ」など、語尾に「ませ」をつける挨拶語は多数あります。柔らかく、女性的な印象の強い「ませ」は、ビジネスでも有効な敬語なのでしょうか。

挨拶以外では、「〜くださいませ」という表現で使われます。丁寧語の助動詞「ます」の命令形で、「ご覧くださいませ」など相手に行動を促す場面でも使われます。おもに女性や、店員が接客で用い、男性全般、そして接客以外のビジネスの場面ではあまり使いません。

ただし、ビジネスメールなどで最後に一言、「みなさまによろしくお伝えくださいませ」と使うのは、指示をやわらげる意味もあります。くり返さず、ワンポイントで使いましょう。

ひとことメモ

挨拶語の語尾といえば、「お疲れ様」「ご苦労様」など「様」もよく使われます。ほかにも「お待ち遠様」「お気の毒様」など、「待ち遠しかったでしょう」「お気の毒でしたね」と、相手を思いやる気持ちが凝縮された、美しい表現です。

「よろしかったでしょうか」もちろん、よろしくない

●過去形ではなくシンプルに「よろしいでしょうか」

　目上の人に都合を尋ねる際に「お時間よろしかったでしょうか」ということがあります。あるいは、お店で注文をした際に「ご注文は以上でよろしかったでしょうか」という表現もよく聞きますね。この表現が問題なのは、「よろしかった」と過去形で尋ねていることです。相手側からすると、丁寧ではありますが、詰め寄られているような印象を与えることも。

　この場合は、シンプルに「**お時間よろしいですか**」「**ご注文は以上でよろしいでしょうか**」で問題ありません。「お時間〜」については、より丁寧に「お時間をいただけますか」「お時間をいただいてもよろしいですか」と言い換えると良いでしょう。

ひとことメモ

セールスの電話でも、「よろしかったでしょうか」の多用が耳につきます。「〇〇様のお電話でよろしかったでしょうか」「少しだけお話してもよろしかったでしょうか」など。いずれも「よろしくない」とは言いづらい雰囲気を感じます。

手紙で使える、格調高い敬語

●尊敬語と謙譲語で別の表現に

文書でよく用いられる、二字熟語の敬語表現があります。とくに多いのは「**拝**」で、「拝見」「拝読」「拝借」など、多くの謙譲語があります。手紙などフォーマルな場で活躍するこれらの熟語、尊敬語と謙譲語をまとめて紹介します。

（尊敬語）

「ご高覧」…見る　「ご恵贈」…与える

「ご清聴」…聞く　「ご容赦・ご海容」…許す

「ご査収・ご笑納」…もらう、受け取る

　※「査収」は「調べて受け取る」の意味

（謙譲語）

「拝見」…見る　「謹呈・進呈」…贈る

「拝聴」…聞く　「拝借」…借りる

「拝読」…読む　「拝受」…もらう、受け取る

ひとことメモ

格調高く見える表現には「助ける」の尊敬語の「お力添え」「お骨折り」などもあります。また、「世話をする」の尊敬語の「お口添え」、「紹介する」の尊敬語の「お引き合わせ」なども覚えておくと便利です。

「社長様」「院長先生」どちらも過剰!?

● **学校や病院では、二重敬語も許容の範囲**

相手を敬う敬称をふたつ重ねてしまうのは、「二重敬語」という間違いです。ビジネスの現場では、「様」という一般的な敬称と、「社長」「先生」などの役職名を使います。これらを「社長様」など重ねて称しても敬意は高まりませんし、単なる二重敬語となります。ただし敬語ではなく、親しみを込めた慣用表現としてならば、「社長さん」は許容されています。

ところで、学校や病院など「先生」たちの勤め先では、「校長先生」「院長先生」など「役職名+先生」という二重敬語が定着しています。学校や病院では生徒や患者が基準であるため、つねに「先生」をつけても違和感がないため、こういった呼び方になったようです。

ひとことメモ

会社によっては、「課長補佐」や「部長代理」という役職もあります。文書では正式な役職名で書くべきですが、会話で都度「○○課長補佐」「△△部長代理」と呼ぶのはわずらわしいため、「○○補佐」「△△代理」と呼ぶ会社もあります。

「言いたい放題」は「おっしゃりたい放題」?

●慣用表現はそのまま使うのが基本

　日本語には、慣用句やことわざ、格言など型が決まった表現があります。それらは基本、敬語に改める必要はありません。

　たとえば「言いたい放題」という表現を目上の人に対し使いたい場合、そのままだと失礼にあたる気がして、つい「先方のおっしゃりたい放題でした」などと言い換えてしまいそうになります。**「言いたい放題」という慣用句は、敬語には置き換えられない**のです。

　ただし、敬語化できる慣用句やことわざも、一部あります。たとえば、「顔が広い」「目が高い」といった表現。これらは「お顔が広い」「お目が高くていらっしゃる」などと言い換えられます。

ひとことメモ

「顔が広い」「目が高い」の場合、動詞を敬語化して「顔がお広い」「目がお高い」とは言いません。「顔」や「目」など名詞に「お」をつけるのが一般的です。ともかく、敬語化できる慣用表現は少ないと覚えておきましょう。

「休み」は頂戴しない、いただかない

●不在の伝え方は「取る」がポイント

電話で呼び出された同僚が休んでいる場合、その伝え方に戸惑うことはないでしょうか。

一般に「○○は(お)休みをいただいております」という言い方が主流になりつつありますが、「**○○は休みを取っております**」でかまいません。「休みをいただく」のは、社内ではOKですが、社外の人には関係ないため、ふさわしくありません。

また、休む側の行動に「お休み」と「お」をつけるのは誤りです。休むという行為をしているのは相手ではないので「お」は不要です。そして「休みを頂戴しております」も、休みは(相手に)頂戴するものではないので、文法的に問題があります。

ひとことメモ

同僚がすでに帰宅している際は、相手にどう伝えればいいでしょう。「退社いたしました」は誤りではありませんが、会社を辞める「退職」と捉えられる可能性があるため、「本日は失礼させていただきました」と言うのがベストでしょう。

「お手つき」の際？
敬語の言い間違い

●慌てず、ゆっくり、丁寧に発音

　使い方の誤りよりも恥ずかしいのが、言い間違いです。とくに**敬語を使う間柄では、使われたほうもなかなか指摘しづらいもの**。

　ここでは、たまにある敬語の言い間違いを紹介します。「誰も指摘してくれなかった」という人は、明日からこっそり正しておきましょう。

・誤　お手つきの際に〜
　→　正　お手すきの際に〜
・誤　（訪問先で）ごめんあそばせ
　→　正　ごめんください
・誤　お立て込み中失礼します
　→　正　お取り込み中失礼します
・誤　けっこうな粗品
　→　正　けっこうなお品

ひとことメモ

ビジネスメールで、よく誤入力、誤変換されている敬語表現を紹介します。「おつ帰れさまです」。受け取る側が、ドキッとするかもしれません。「お願いたします」。「い」がひとつ足りません。慌てて入力するとこうなります。

パート3
おさらいテスト

理解度を確認するテストです。さっそく挑みましょう。

問1 敬語に言い換えた場合、明らかに間違っているものを選び、記号で答えなさい。

(1) 迷惑だなんて、とんでもない。
ア ご迷惑だなんて、とんでもありません。
イ ご迷惑だなんて、とんでもないことです。

(2) はい、そうですね。
ア ごもっともです。
イ なるほど、その通りです。

(3) すごくためになる話でした。
ア とても勉強になるお話でした。
イ 大いに参考になるお話でした。

(4) 紹介してくれて、すごくうれしいです。
ア お引き合わせいただき、非常に光栄です。
イ お引き回しいただき、恐悦至極に存じます。

(5) すみません、だれに用ですか？
ア 恐れ入りますが、どの者にご用でしょうか？
イ 申し訳ないのですが、どちら様にご用でしょうか？

(6) きょう、寺田は帰りました。
ア きょう、寺田は退社いたしました。
イ 本日、寺田は失礼いたしました。

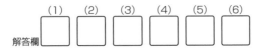

解答欄 (1) (2) (3) (4) (5) (6)

問2 正しい敬語に直した場合、もっともふさわしいものを選び、記号で答えなさい。

(1) 私はご遠慮いたします。
ア 私は遠慮いたします。
イ 私はご遠慮させていただきます。

(2) 少しお話よろしかったでしょうか？
ア 少々お話してもよろしいでしょうか？
イ 少しお話さしあげてもよろしかったでしょうか？

(3) お使いにくいところはありますか？
ア お使いにくくはありませんか？
イ お使いになりにくいところはありますか？

(4) 店長様はおられますか？
ア 店長はいらっしゃいますか？
イ 店長様はいらっしゃられるでしょうか？

(5) お名前を頂戴できますか？
ア お名前をいただいてもよろしいでしょうか？
イ お名前を伺ってもよろしいでしょうか？

(6) 青木はお休みさせていただいております。
ア 青木は休みを取っております。
イ 青木はお休みを頂戴しております。

解答欄 (1) (2) (3) (4) (5) (6)

解答は154ページへ

問3 空欄にあてはまる漢字を、下から選び、記号で答えなさい。

(1) 何とぞご容□くださいませ。
(2) □社まで伺います。
(3) お心遣いに感□を受けました。
(4) □宅までお足労いただき、痛み入ります。
(5) □謝ではございますが、ご□納ください。
(6) 最後までご□聴いただき、ありがとうございます。
(7) 資料をお送りしましたので、ご□収ください。
(8) 著者□呈
(9) メールを□受いたしました。
(10) お□折りいただき、感謝しております。

ア 薄
イ 拝
ウ 銘
エ 拙
オ 清
カ 赦
キ 笑
ク 査
ケ 骨
コ 謹
サ 御

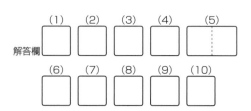

解答欄

問4 空欄に入る適切な表現を、下から選び、記号で答えなさい。

上司「お先に失礼するよ」 部下「(1)」

客「どこから入れますか？」 係員「こちらからご入場(2)」

客「これは持ち帰れますか？」 店員「申し訳ございません、こちらはお持ち帰り(3)」

客「贈り物用に包んでもらえますか？」 店員「(4)」

取引先「明日はご都合いかがですか？」 社員「(5)、先約がございます」

恩師「堀川君には期待しています」 教え子「(6)お言葉です」

訪問先「お食事でもいかがですか？」 客「(7)ありがたく頂戴いたします」

客「ほんの(8)、お納めください」 訪問先「お心遣い、ありがとうございます」

ア もったいない
イ 心ばかりですが
ウ かしこまりました
エ お疲れ様でした
オ お気持ちだけ
カ いただけません
キ いただけます
ク あいにくですが

解答欄 (1) (2) (3) (4) (5) (6) (7) (8)

解答は 154 ページへ

パート3
おさらいテストの答え

問1 (1) ア (2) イ (3) イ (4) イ (5) イ (6) ア

問2 (1) ア (2) ア (3) イ (4) ア (5) イ (6) ア

問3 (1) カ (2) サ (3) ウ (4) エ (5) ア・キ
(6) オ (7) ク (8) コ (9) イ (10) ケ

問4 (1) エ (2) キ (3) カ (4) ウ (5) ク
(6) ア (7) オ (8) イ

パート4
ついていこうよ カタカナ語

会議やプレゼンで使いたい横文字

4コマ劇場 「デバイス」ってなんだ？

カタカナ語の意味を知る

得意先で「エビデンスにもとづいた最適なソリューションの提供をコミットできる?」と質問されたら、意味がわからず返事に困る人はいるでしょう。ビジネスシーンでは、文脈から判断してなんとなくわかるものから、皆目わからないものまで、さまざまなカタカナ語が氾濫しています。

日本語に翻訳しづらい外国語は、「ダウンロード」や「アプリ」のように、そのまま「カタカナ化」して使われています。また、特定の業界では、本来の意味と異なる使い方が浸透しているケースも多いので、余計に意味がわかりづらくなっています。

本章では、ビジネスでよく使われるカタカナ語のうち、意味がわかりづらい言葉、英語と意味が違う和製英語を紹介します。意味のみならず、おもにどういう業界で、また、どういう状況で使われているのかを理解しておきましょう。

では、スタート! ⇨

もっていれば、効率よく運用したくなる「アセット」

● 預金、株式、不動産などの資産

銀行や投資会社など金融業界で使われる用語です。あなたの会社はもとより、あなた自身も多少なりともアセットを所有しているのではないでしょうか。

アセットとは、**個人や企業が所有する資産**のこと。資産には、預金、不動産、金融商品（株式、公社債、手形、小切手など）があります。

アセットは近年、資産を効率よく運用・管理する「**アセットマネジメント**」（**資産運用**）という言葉で一般に知られるようなりました。金融会社や不動産会社が個人・企業に代わってその業務を行っています。

アセットマネジメントでもっとも重要なのが、資産を株式や債券（国債や社債など）、不動産へ、どのような割合で配分するかを考える「アセットアロケーション」（資産配分）です。金融業界では、「運用成果の８割以上はアセットアロケーションで決まる」といわれているそうです。

なお、リスク管理を目的に、複数の金融商品に分散させて投資するときの金融商品の組み合わせを「ポートフォリオ」といいます。

NG会話例

キミのオヤジは資産家だと聞いているけど、いったいどんな資産運用しているの？

以前は株と不動産、投資信託に分散投資していたけど、いったんアセットしたみたい。

アセットの類語と関連語

プロパティ	財産、資産、所有物
フォーチュン	富、財産、大金、幸運
ミーンズ	財力、資産
ウェルス	富、財産、裕福
リッチーズ	富、財産
ファイナンス	金融、財務、財政

ひとことメモ

ウェブ制作業界で用いるアセットは、会社が保持する商品や顧客情報、データベースなどを指します。また、映像やゲーム制作業界では、アニメーションや音声など、制作に必要な素材データのことを指します。

メンタルとは無関係の「ファンダメンタル」

● **経済動向を知るための基礎的な指標**

ファンダメンタルは、ファンドともメンタルとも無関係の言葉で、「基本的なこと」「根本的」という意味です。ただし、海外でも日本でも、おもに金融・経済用語として定着しており、「**経済動向を知るための基礎的な指標**」を指します。たとえば「ファンダメンタルは投資の判断材料として欠かせない」のように使われます。

経済動向を知るための基礎的な指標とは、具体的には経済成長率、GDP（国内総生産）、物価上昇率、失業率、雇用統計、財政収支の赤字（黒字）率、経常収支の赤字・黒字額などの指標です。

いっぽう、証券業界では、株式を発行する企業の売上や投資計画など、「**株式銘柄の基本的な情報**」を指します。さらに、対象の株式が割安か割高かを判断する際、基準になる企業の基礎的な価値を「ファンダメンタル・バリュー」と呼んでいます。

また、ファンダメンタルをもとにした経済予想を「ファンダメンタルズ分析」と呼び、株式投資の判断材料にしています。

近年、若い日本人アスリートが海外でもガンガン活躍しているよな。

海外で活躍しているアスリートは、きっとファンダメンタルが強いんだろうな。

NG会話例

ファンダメンタルの類語と関連語

● **類語**

ベーシック　　　　　基礎、基本

ファウンデーション　基礎、土台

インフラ
「産業基盤」や「社会資本」と訳され、産業や生活の基盤として整備される施設

エコノミックインジケーター
政府の発表する経済の成長や鑑定性についての経済指標

● **関連語**

ファンダメンタル投資
株価収益率や自己資本利益率など会社の経営状況を見て投資する手法

ファンダメンタルサイエンス　　基礎科学

ファンダメンタルプリンシパル　基本原則

ひとことメモ

ファンダメンタリズムという言葉もあります。「根本主義」「原理主義」と訳されています。これは経済や金融とはまったく無関係の宗教用語で、1920年代に起こったアメリカ・プロテスタント教会内の保守的な神学運動を指します。

「ファンド」って金融商品？
それとも運用ってこと？

●資金を運用して利益を分配するしくみ

多くの意味で使われているファンド。もともとは「基金」「資金」という意味ですが、経済用語では、**複数の投資家や富裕層から集めた資金を運用して得た利益を分配するしくみ**のことを指します。「投資ファンド」ともいいます。

さらに、運用の専門家が株式や債券などに投資・運用する金融商品の「**投資信託**」もファンドと呼ばれています。たとえば「退職金をファンドで運用したい」といった場合は、一般に投資信託を指します。狭義には、**資産運用会社そのもの**をファンドと呼ぶこともあります。

また、「ファンドマネージャー」といえば、投資家から預かった資金の運用計画を立て、それを実行する運用担当者のことです。

ひとことメモ

投資家が資金運用会社を選ぶ際の決め手はズバリ、利回りです。投資収益や利回りのことを「リターン」といい、「リターンが高い（低い）」や「年利10%のリターンがある」「ハイリスク・ハイリターン」といった使い方をします。

クラウド(雲)とは無関係の「クラウドファンディング」

● **インターネット経由の資金集め**

不特定多数の人から**インターネットを介して資金を集めること**を「クラウドファンディング」といいます。出資する人がいれば、自己資金が少なくても事業を立ち上げることができるため、国内外で注目を集めています。

この場合のクラウドは「雲」を意味する「cloud」でなく「**群衆**」を意味する「**crowd**」。カタカナにすると同じですが、スペルは異なります。ファンディングは資金調達のことです。

いっぽう、「クラウドコンピューティング」、略して「クラウド」は、インターネット上にデータを保存して、パソコンやスマートフォンなどからアクセスできるネットワークのこと。こちらのクラウドは「cloud」です。

ひとことメモ

クラウドファンディングは通常、調達する資金額や期間を事前に設定し、期限までに目標金額を達成できなかった場合は、プロジェクトを断念して返金する方式を取っています。事業化できなくても出資者のフトコロが痛まないのが特徴です。

「バジェット」は組むもの、そして使うもの

● 予算や経費のほか「格安の」という意味も

予算や予算案、経費を意味するバジェット。「新規事業のバジェットを組む」といえば、新規事業の予算を組むこと、「事業のバジェットが不足している」といえば「事業に必要な経費が足りない」という意味になります。

ただし、「バジェットな○○」といったように、形容詞として使う場合は、**「格安の」「低予算の」**という意味になるので、どのような意味で使われているのかは文脈から判断しなければなりません。頻繁に登場するのは、旅行業界です。

格安の航空会社を「バジェットエアライン」、格安ホテルを「バジェットホテル」、さらにこれらを利用して旅行する低予算の旅行者を「バジェットトラベラー」といいます。

ひとことメモ

バジェットとよく似た音の「バゲット」はフランスパンの一種で、細長いパンを指します。いっぽう、「ナゲット」といえば、一口大の鶏肉や豚肉を小さくして衣やパン粉をまぶして揚げた食べ物のことです。

「フィー」はお金に関係する言葉だけど正確には？

● 手数料、料金、費用のこと

　お金に関するカタカナ語が増えてきました。フィーは、おもに専門的な職業のサービスに対してかかる**料金、手数料、費用、謝礼**などを表す言葉です。

「ビジター・フィー」といえば、ゴルフ場など会員制の施設で使われる言葉で、会員以外の料金のこと。広告用語の「サービス・フィー」は、企画や広告制作などの仕事に対して、広告会社が広告主から受け取る報酬を指します。

　同意語のプライスは「商品の価格」、チャージは「サービスの価格」のこと。たとえば、ホテルではサービス料をチャージと呼びます。なお、費用を表すコストにも、価格・値段という意味があるので、使い方に注意しましょう。

ひとことメモ

同じ料金を表す言葉でも、ギャランティ（ギャラ）は保証料や出演料・契約料のこと。レートは為替や税金など変動的な料金に対して用います。なお、電車や飛行機などの運賃には、イタリア語を起源とするファーレが使われています。

ガバメントがわかれば「ガバナンス」もわかる

● **株主や社員が経営陣の不正をチェック**

　幹部の関与が疑われる不祥事が発生したとき、その会社の経営陣は「今後、このようなことが起こらないよう、ガバナンスを徹底したい」と、まるで「お約束」のように口にします。

　よく似た意味の「ガバメント」は、政府が国民を統治する場合に用いられます。通常は「政府」を指します。これに対し、ガバナンスは「**統治**」「**支配**」という意味で、日本ではおもに「コーポレートガバナンス」（企業統治）を指します。簡単にいえば、**経営陣の不正を管理・監視するしくみ**のこと。

　たとえば、巨額な損失が出たことを隠すために経営陣が粉飾決算し、株主や社員に「利益が出ている」とウソの報告をした場合、不正が判明すれば、企業価値は一気に下落。株主は大損し、倒産に至るかもしれません。

　そういう事態に陥らないようにするため、経営者が法令を遵守して正しい企業経営を遂行するよう、株主、社外取締役、社員、取引先などが経営陣の不正を主体的に管理・監視するしくみが必要になったのです。

NG会話例: あなたの会社の倉庫から大量のパソコンが盗まれたそうね?

ああ、そうだ。だから警備会社と契約してガバナンスを強化する予定だ。

コーポレートガバナンスの類語と関連語

パブリックガバナンス	≡	公的機関が適正に運営されるよう監視するしくみ
ガバナビリティ	≡	統治能力、統率力
マネージメントオーガナイゼーション	≡	組織管理
アカウンタビリティ	≡	企業や経営者が担っている説明責任
リスクマネジメント	≡	危険を組織的に管理すること
企業コンプライアンス	≡	企業が法律や内規に従って活動すること

ひとことメモ

コーポレートガバナンスを進めるうえで欠かせないのが「情報開示」。企業が投資家や取引先などに対し、経営内容に関する情報を公開することを「ディスクロージャー」といい、株主や投資家の利益を保護する制度です。

「インセンティブ」は、人をやる気にさせるエサ?

● 人の意欲を引き出す刺激

　すっかり定着したインセンティブ。直訳すれば「刺激」ですが、ビジネスシーンで使われる際には、人の意欲を引き出すために外部から与える「**刺激的な方法**」や「**動機づけ**」のことを表します。

　さらに、より具体的に「**報酬**」や「**報奨金**」を指す場合もあるので使い方には注意が必要。社員に対し、設定した目標を達成したら通常の給与とは別に報奨金を支払う制度を採用している会社では、報奨金をインセンティブと呼んで社員のやる気を喚起しています。

　また、お金以外でも、昇進・昇級、旅行、表彰、記念品という形でのインセンティブ(動機づけ)を社員に与えている会社もあります。これらすべてに共通しているのは、その会社で働く人のやる気を引き出すために設けた「ご褒美」であることです。

　なお、よく似た意味で使われる「モチベーション」が自発的な動機づけなのに対し、インセンティブは外から与えられる動機づけを指すので、うまく使い分けましょう。

NG会話例

- やりがいのある仕事だと言っていたのに、キミはどうして会社を辞めちゃったの?
- やりがいはあっても給料の安さが退社のインセンティブになったようだ。

インセンティブ給と歩合給

<共通点>

成功報酬(目的を達したら支給されるが、目的に達しなかったら支給されない契約形態)である点

<相違点>

インセンティブ給 固定給+アルファの給与(報奨金)

歩合給 基本的に固定給がなく成果に応じ給与額が決定するもの

※歩合給をインセンティブと呼んでいる企業もあるので注意が必要です。

ひとことメモ

通常の給与とは別に報奨金を支払う「インセンティブ制度」は、成果主義にもとづくもの。これを導入して成功している例がある反面、「売上に直結しない業務は評価されない」として、仕事へのモチベーションをなくす人もいるようです。

意味を理解して正しく使いたい「エビデンス」

● エビデンスは根拠、証拠を表す言葉

「その話にエビデンスはあるの？」と上司に質問され、意味がわからず固まってしまった……という経験のある人がいるかもしれません。

エビデンスは、もともと医療分野で使われてきた言葉で、ある治療法や薬がある病気（症状）に対して効果的だといえる「**科学的根拠**」を指します。たとえば、「先生、この病気の手術の成功率など、エビデンスを示してください」といった使い方をします。

医療分野から広まり、ビジネスシーンでは、**発言や提案の根拠・証拠**を指す言葉として使われています。専門書や識者の見解、海外での成功例、実証実験の結果、書類（契約書や見積書）などもエビデンスとされます。

またIT業界では、作成したプログラムが想定どおりに動くことを示すテスト結果や検証結果、記録などを指す用語として使われています。正しく作動した画面を印刷したものや、画面をコピーした画像データがエビデンスとなります。それらは、発注者に見せる資料として使われています。

NG会話例

> キミが言うように、今期の売上目標、本当に達成するの?

> はい、今期はしっかりとしたエビデンスを導入したので問題ありません。

エビデンスの同義語と関連語

テスティモニー	≡	証言、証拠、証明
グラウンズ	≡	理由、根拠
バリデーション	≡	適切であるかどうか科学的に検証すること
リーズン	≡	理由、原因、根拠

代用できる日本語

根拠、証拠、確証、証明、証(あかし)、立証、物証、裏づけ、理由、拠り所

ひとことメモ

病院では通常、その治療法を用いるエビデンスを示してもらい、納得したら医師が治療を開始します。医者が治療法とリスクを患者にきちんと説明し、合意を得てから治療することを「インフォームドコンセント」といいます。

これを得ないと物事が前進しない「コンセンサス」

● 「みんなの合意」「意見の一致」の意味

会議や集会では提案者が「××すれば△△のメリットがある。チャレンジしてもいい?」と問いかけ、参加者全員または半数以上の賛成をもらえば、物事はようやく前進します。

このように多数の関係者の合意を得ることを「**コンセンサスを得る**」と表現します。コンセンサスは、「**複数の人による合意**」「**意見の一致**」といった意味で使われています。

とりわけ、大勢の人が関わって利益を追求するビジネスの世界では、大多数のコンセンサスを得ること自体が重要な仕事になります。なかには、会議の席で大声で反対する人もいるでしょう。そうならないために、反対しそうな人には事前に説明して説得し、内諾を得ておく必要が出てきます。こういう背景から、ビジネスの分野では、コンセンサスを「**根回し**」と言い換えることもあります。

なお、「多数決をとる」と混同しているのか、「コンセンサスをとる」という表現をよく見聞きしますが、「得る」または「とりつける」「図る」が正しい動詞の使い方です。

NG会話例: 反対意見はキミの個人の見解か、それともスタッフ全員の合意かな？

はい、みんなでコンセンサスした結果を私がまとめたものです。

コンセンサスの類語

- 合意（同意、総意、納得）を得る
- 合意をとりつける
- 合意を図る
- 合意を形成する
- 賛同を得る
- 賛成（納得）してもらう
- 意見（話）がまとまる
- ひとつの結論に至る（落ち着く）
- 議決される

ひとことメモ

証券業界では、複数の証券アナリストが分析した企業の株価や業績の平均値を「コンセンサス」または「コンセンサス予想」と呼んでいます。この予想をもとにして株式を売買する証券会社もあります。

高い、低いがある 「プライオリティ」って何？

● **仕事の優先順位、優先権のこと**

あらゆる仕事の現場で使われているけれど、いまひとつピンとこないプライオリティ。この言葉が意味するのは「**優先順位、優先度**」や「**優先権**」のことです。

優先順位や優先度という意味で使われる場合は、「高い」「低い」という形容詞をつけて使われます。たとえば、上司から「この仕事はプライオリティが低いからね」と説明を受けたら、「優先順位が低い」、つまり、それほど重要ではないので後回しにしてもよい案件だと解釈してもよいでしょう。反対に「プライオリティが高い案件だ」と説明されたら、重要な案件のことなので優先しましょう。

企業の入札や交渉などでは、優先権という意味で用いられます。たとえば、「A社より弊社のほうに交渉のプライオリティがある」「発注先としては、A社よりB社にプライオリティを置いている」といった使い方をします。

なお、「プライオリティシート」といえば、電車やバスに設置されている「優先席」のことを指します。

NG会話例

> あまり重要でない仕事にも全力を注ぐ仕事のスタイルってどう思う?

> うーん、そういうタイプのビジネスマンは、プライオリティが足りないんじゃないの?

プライオリティの類語

アドバンテージ	有利、利点
クルーシャル	極めて重大な
インポータンス	重要
インポータント	重要な、重大な
ドミナント	有力な、優位に立つ、支配する
ニード	必要
リクワイヤメント	必要
ネセサリー	必要な

ひとことメモ

「東京ディズニーランド」や系列ホテルでは、レストランを予約できるシステムを「プライオリティ・シーティング」と呼んでいます。事前に指定した時間にレストランに向かうと、少ない待ち時間で優先的に案内されるサービスです。

よく耳にする「タスク」って、いったいどんな仕事？

● **自分のやるべき仕事が「タスク」**

「次は難しいタスクに挑んでもらう」と、できる上司に言われたらどうしますか？

タスクは、処理しなくてはいけない「**仕事**」や「**作業**」のこと。プロジェクトが大掛かりな事業であるのに対し、タスクはそれを構成する**小さい単位の仕事**を指します。自分に課せられた仕事を管理することを「タスク管理」、同時に複数の処理を並行して実行することを「マルチタスク」といいます。

また、「**課題**」や「**特定の任務**」の意味で用いることもあります。問題を解決するために結成された臨時のチームを「タスクチーム」と呼ぶことがありますが、これは「特定の任務を担うチーム」といった意味になります。

ひとことメモ

Windowsのデスクトップ画面の下端部に表示される帯状の部分は「タスクバー」と呼ばれています。このタスクバーに、起動しているアプリケーションや開いているフォルダなどがボタンで表示されます。

「サステナブル」は現代社会のキーワード?

● 地球環境の保全や社会が「持続可能な」という意味

経済、環境、ライフスタイルなど幅広い分野で使われているサステナブルとは「**持続可能な**」「**未来に継続していく**」という意味。サステナビリティは「持続可能性」を指します。

環境分野では、太陽光や風力エネルギーを使った「地球にやさしい」循環型社会を築くキーワードとして用いられています。

また、経済分野では、「サステナブルな経済発展」といった言い回しで、経済成長が持続するしくみの必要性を説いています。

なお、近年、「サステナブルビジネス」や「サステナブルコーヒー」「サステナブルシーフード」などの新語がどんどん登場していますが、今後も持続して使われるかは不明です。

ひとことメモ

「サステナブルシーフード」は、限りある海洋資源を有効活用する手段で、乱獲せず、自然を破壊しない方法で捕獲した魚を使った食べ物を指します。魚と自然、そして食生活も「持続可能」になるというわけです。

「リテラシー」が欠けている人は良い仕事ができない？

● **特定のものを使いこなす「能力」**

もともとは「読解力・記述力」を表す言葉ですが、現在は**特定のものを使いこなす「能力」**や**「応用力」**を指す言葉になっています。たとえばコンピュータを使いこなす能力を「コンピュータリテラシー」といいます。

よく似た意味で「**スキル**」があります。ともに能力を表す言葉ですが、リテラシーがコンピュータや情報など特定のものを使いこなす能力であるのに対し、スキルは教養や訓練を通して「獲得した能力」を指します。

なお、近年リテラシーと混同して使われているコンプライアンスは「企業の法令遵守」という意味。リテラシーに「規則を守る能力」という意味はまったくありません。

ひとことメモ

リテラシーは「情報リテラシー」のように語尾につけて「〇〇リテラシー」と使われることが多い言葉です。なかでも「ネットリテラシー」「ソーシャルメディアリテラシー」などIT用語との相性が良いのが特徴です。

経営者が好んで使う「コミット」って何?

●コミットは深く関わること

 とある企業がテレビコマーシャルで「結果にコミットする」と使いはじめたことから、広く知られるようになったコミット。これは英語の「コミットメント」を省略した言葉で、「**深く関係する**」「**誓約・約束する**」といった意味です。

 たとえば、先の企業のキャッチコピーは、「(弊社はユーザーがサービスを利用した)結果に責任をもって関わる」という宣言。「海外事業にコミットする」といえば、海外事業に「関わることを約束する」という意味になります。

 なお、上司から「早く得意先とコミットしてこい」と声をかけられたら、「早く契約の約束を取りつけろ」という意味なので、気合いを入れて商談に臨みましょう。

ひとことメモ

> コミットと同じ「約束」を意味する「プロミス」は、言葉による気軽な約束。いっぽう、コミットには「責任をもって」という意味が込められています。したがって、責任のある立場の経営者が好んで使うのかもしれません。

「ナレッジ」は会社に蓄積されている？

●組織にとって有益な知識やノウハウ

「知識」や「情報」を意味するナレッジ。ビジネス用語では、組織にとって有益な知識や付加価値のある情報を指します。企業経営の分野で用いられることが多く、「会社が蓄積しているナレッジを活用する」といったように使います。「**ナレッジマネジメント**」といえば、社員がもっている数値化できない知識を組織で共有化し、活用する経営手法を指します。

よく似た意味の「ノウハウ」が一般的な知識や技術、手法を表すのに対し、ナレッジは企業経営の見地から「**組織にとって役立つ知識**」であることに重点を置いています。そのため、日常会話では、ノウハウを使ったほうが、誤解を生まずスムーズに会話が進むでしょう。

ひとことメモ

ナレッジが組織に役立つ知識や情報であるのに対し、「オピニオン」は主張や意見、「インフォメーション」は生の情報、「インテリジェンス」は分析が加わった情報、「トリビア」は役に立たない雑学を指します。

「ソリューション」を提供するとはどういうこと？

●ソリューションは課題を解決すること

いろんな会社が宣伝文句や売りものとして使っているソリューション。「ソリューション営業部」といった部署名や、「ソリューション事業部本部長」といった役職名でも使われます。

簡単にいえば、「**解決策・解決方法**」のこと。おもに経営やITの分野で使われています。「御社の課題に応じたソリューションを提供します」というセールストークは、「課題の解決策を売ります」を意味するわけです。

IT業界では、顧客のIT分野における課題を解消するためにシステムを構築したり、組み合わせたりして提供するサービスを指します。これは一般に「**システムソリューション**」と呼ばれています。

ひとことメモ

「御社のソリューションを解決します」と真顔で提案する営業マンがいるそうです。ソリューション自体は解決する対象ではありません。その営業マンはおそらくソリューションを「問題」という意味だと勘違いしているのでしょう。

潜水士の街ではない「ダイバーシティ」

● **多様な人材を活用しようという考え方**

「ダイバー」とは、海に潜るダイバーや、フジテレビの本社ビルが建つお台場のことでもありません。また、「シティ」とついていますが、都市のことでもありません。

もともと「**多様性**」を意味する言葉。これが転じて、**多様な人材を積極的に活用していこうとする考え方**を表す言葉になりました。

たとえば、「弊社はダイバーシティを実現する多国籍企業です」といったように、他社との明確な違いを示したい会社の宣伝文句などで使われています。外資系企業はもとより、日本の上場企業が女性役員を積極的に増やしたり、外国人の従業員を採用したりするのはダイバーシティに基づいた戦略といえるでしょう。

ひとことメモ

ダイバーシティが指す多様性とは、意見や様式、人種などです。いっぽう、グローバライゼーションは、物事が旧来の国家や地域などの境界を越えて、地球規模に拡大してさまざまな変化を引き起こす現象を指します。

政策も事業も「スキーム」がしっかりしていると安心

●スキームとは、しくみや基本計画のこと

もともとは「枠組みをもった計画」という意味のギリシャ語です。ビジネスや政治の分野では、「**基本的なしくみ**」や「**基本計画**」を表す言葉として使われています。

たとえば「新規事業のスキーム」といえば、新規事業のしくみのこと。「行革スキーム」といえば、行政改革の基本計画を指します。「スキーム図」は、これらのしくみや計画を図式化したものを指します。

スキームと混同しがちな「**フェーズ**」は、物事の「段階」や「局面」という意味。プロジェクトの進行を期間や規模で区切り、作業の行程や段階を表す単位（例：第1フェーズ、第2フェーズなど）として使われています。

ひとことメモ

類似語に「フレームワーク」があります。こちらは物事の枠組みや構造を表します。「ビジネスフレームワーク」といえば、さまざまな分野に共通して用いられる、問題解決の思考や企画立案などのパターン化した手法を指します。

「オーソライズする」って いったい何をすること?

● つまりは「権利を与える」「公認する」こと

オーソライズは、正当と認める(公認する)こと、権威づけることを意味します。近年では、「する」「される」をつけて動詞として使うケースが定着しました。

「新商品には○○教授の推薦文を添えてオーソライズする」といえば、教授のように権威のある人(その道の権威=オーソリティ)の推薦を得て商品を権威づけることを表しています。また、「オーソライズされたソフトを使用する」といえば、業界団体やメーカーなどに承認された正式なソフトを使うことです。

「キミの企画案はオーソライズしてもらっているの?」と得意先で聞かれたら、「会社(上司)が承認した企画なの?」という意味です。

ひとことメモ

オーソライズとよく似た言葉に「オーガナイズ」があります。「組織すること」、企画やイベントなどを「計画すること」を意味します。「オーガナイザー」は主催者、「オーガナイゼーション」は組織や団体を意味します。

「冷やし中華はじめました」これも「ローンチ」？

●「立ち上げる」「開始する」といった意味

「〇月〇日、弊社の新サービスが遂にローンチします」といった表現を見聞きする機会が増えました。ローンチとは、新しい商品やサービスの提供を「開始する」「立ち上げる」という意味です。「冷やし中華はじめました」の「はじめました」が、まさにローンチです。

コンピュータやプログラムの起動、ウェブサイトの公開、新たな分野への新規参入、株式の発行を発表する際などにも使われており、応用の効く言葉になっています。

同意語の「**スタートアップ**」は、会社や事業の立ち上げ、プログラムの起動という意味で使われています。「**リリース**」も、新たに販売するという意味で使われています。

ひとことメモ

企業が商品・サービスの発売などの情報を発表（リリース）することを「プレスリリース」「ニュースリリース」といいます。前者は報道機関に向けた発表、後者は一般の消費者に直接向けたものになります。

コンピュータに欠かせない「デバイス」の意味は？

● **コンピュータに搭載された装置や周辺機器**

パソコンやスマートフォンに関するニュースで耳にするデバイスとは、もともと「装置」を表す言葉。これが転じて、**パソコンを構成するさまざまな機器**を周辺機器も含めてデバイスと総称するようになりました。

たとえばキーボード、マウス、ディスプレイ、ハードディスクはすべてデバイスです。「デバイスドライバー」といえば、パソコン内部の装置や、外部に接続された周辺機器を正しく動作させるためのソフトウェアを指します。

ただし、コピー機やプリンター、スキャナー、それらの機能が備わった複合機などは、デバイスとは呼びません。パソコンと接続せず単独で使う場合もあるからです。

ひとことメモ

デバイスと書く箇所を誤って「バイアス」と書く人がたまにいますが、それは「偏見」という意味です。さらに、打ち間違えたのはキーボードやディスプレイなどデバイスのせいではなく、その人の不注意です。

「ウェアラブル」って メガネや時計のこと？

●身体に身につけて利用する小型のコンピュータ

「ウェアラブルコンピュータ」や「ウェアラブルデバイス」を略して言葉のウェアラブル。最近、急激に浸透しつつあるこの用語は、身体に身につけて健康管理や通信に利用する**小型のコンピュータ**のことです。時計やメガネに組み込んだ製品は「**ウェアラブル端末**」や「**ウェアラブルデバイス**」と呼ばれています。

ウェアラブル端末は、歩行距離や歩数、心拍数、1日の総消費カロリーなどを測定できるため、今のところ、ビジネスでの利用より体調管理に使われることが多いようです。ウォッチ型、リストバンド型、ポケットに挟むクリップタイプが主流。なお、「ウェアラブルスピーカー」は、肩にかける小型のスピーカーのことです。

ひとことメモ

ウェアラブルは本来「身につけられる」という意味であるのに対し、モバイルの語源は「移動できる」という意味。いっぽう、キャリーは「持ち運ぶ」を表す動詞で、持ち運びに便利な車輪つきのバッグがキャリーバッグです。

会社は社会との「インターフェイス」?

●さまざまな「接点」を意味する

インターフェイスは、もともと「境界面」や「接触面」を意味する英語。転じて、さまざまな**「接点」**や、異なるもの同士を**「仲介する」ことや、部分**を表すようになりました。

たとえば、「会社は実社会とのインターフェイスだ」といえば、会社が社会と密接につながっているという意味になります。

もっともよく使われるのがIT分野。たとえば、コンピュータと周辺機器や、システム同士を接続するときには接続部分や接続部品を指します。「**ユーザーインターフェイス**」といった場合は、ユーザー(操作する人)とコンピュータの間で情報をやり取りするための環境やしくみのことを表します。

ひとことメモ

交換可能な構成要素や部品群のことを「モジュール」といいます。パソコンと電話をつなぐケーブルは「モジュラーケーブル」、その端子は「モジュラージャック」。ともにパソコンと電話との接続に欠かせないデバイスです。

環境への意識の高い企業が取り組んでいる「エネマネ」

●エネルギー使用を管理しムダなく使うこと

ビルや工場などのエネルギーの使用を管理し、ムダなく使おうとする考え方を**エネルギーマネジメント**といいます。略して「エネマネ」。環境に対する意識の高い企業はすでに導入しており、エネマネを促進する設備も増えています。

節電や省エネと異なるのは、節約するだけでなく「つくる」「ためる」も同時に行う点。例を挙げれば屋上に設置した太陽光発電設備によって、石油を使わずにエネルギーをつくり、蓄電設備により電力を蓄えるのです。

これを実現するしくみを「**エネルギーマネジメントシステム**」といいます。発電量や電気消費量をパソコンやタブレットを介して「見える化」するのが特徴です。

ひとことメモ

エネルギー消費量を最少まで削減し、再生可能エネルギーで発電することで化石燃料から得られるエネルギー消費量がゼロ、またはおおむねゼロとなる建築物を「ネット・ゼロ・エネルギービル（ＺＥＢ）」といいます。

「ノートパソコン」はじつは日本にしかない？

●海外ではノートブックかラップトップ

　海外で通じない和製英語はたくさんあります。たとえば、薄型パソコンのノートパソコン。

　そもそも**パーソナルコンピュータ**を略した「パソコン」という呼び名自体が和製英語なので、海外では通じません。海外ではノート型のパソコンを「ノートブック・パーソナルコンピュータ」または「ラップトップ」と呼んでいます。なお、英語圏では、パーソナルコンピュータを略した「ＰＣ」という呼び名が普及しています。

　電源を意味するコンセントも海外では通用しません。英語では「同意する」という意味なので、「コンセントはどこにありますか？」と聞いても、まったく意味が通じないのです。

　意外なところでは、ホチキス。これは発明者の名前が日本で普及したもの。英語では「ステープラー」といいます。

　また、空調設備のクーラーも和製英語。英語圏では「エア・コンディショナ」といいます。なお、これを略したエアコンは英語圏では通じません。

NG会話例: 海外出張の際にノートパソコンが故障したら現地で修理してもらえるか、心配だわ。

心配ないよ。ノートもパソコンも英語だからノートパソコンと言えば通じるよ。

海外で通用しない和製英語
〈家電・日用品編〉

和製英語	通じる英語
ビデオカメラ	カムコーダ
テーブルタップ	パワーストリップ
ガムテープ	ダクトテープ、パッキングテープ
ペンチ	プライヤー
ガステーブル	ガスレンジ、(大型は)ガスストーブ
ストーブ	ヒーター
オーブントースター	トースターオーブン
キーホルダー	キーリング、キーケース
カッターナイフ	ボックスカッター
アイマスク	スリーピングマスク

ひとことメモ

電子レンジを「エレクトリック・レンジ」と英語に置き換えても外国人には理解できません。電子レンジに該当する調理機器は、英語では「マイクロウェイブ」といいます。マイクロウェイブは、マイクロ波のことです。

海外では「クレーム」と言っても通じない？

●英語のクレームは「断言する」という意味

苦情や不平をクレーム、苦情を言うことを「クレームをつける」といいますが、じつは海外では通じません。クレームは英語ですが、意味が異なるからです。

英語のクレームは「**それが真相だと断言する**」「**要求する**」という意味で、**苦情や不平**という意味はありません。英語で苦情は「コンプレイント」、苦情を言うは「メイク・ア・コンプレイント」という表現になります。

標語や売り文句という意味のキャッチコピーの場合、キャッチ（注意を引く）とコピー（広告文）は英語ですが、キャッチコピーは英語にない言葉なので、外国人にはやはり通じません。英語では「キャッチフレーズ」または「スローガン」「セールスコピー」といいます。

また、「有利な点」「不利な点」を意味するメリットとデメリットも日本だけで通じる和製英語です。英語のメリットは「長所」「功績」を意味する言葉。有利な点を意味する「アドバンテージ」や不利な点「ディスアドバンテージ」を意味する英語です。

NG会話例	来週から数日過ごすハワイのコンドミニアムでシャワーが出ないときはどうしよう？
	管理会社に電話して英語で「私はクレームを言いたい」と伝えれば通じるはずだよ。

海外で通用しない和製英語
〈コミュニケーション編〉

和製英語	通じる英語
アポ	➡ アポイントメント
ミス（失敗）	➡ ミステイク
ノルマ	➡ クォウタ
マイペース	➡ ワンズ・ペース
ホームシック	➡ ホームシックネス
ジェスチャー	➡ ボディランゲージ
オーエル（OL）	➡ アン・オフィス・ワーカー
リストラ	➡ レイオフ
モーニングコール	➡ ウェイク・アップ・コール
フリーター、アルバイト	➡ パートタイムワーカー、パートタイムジョブ

ひとことメモ

サラリーマンは和製英語なので、外国人に「アイ・アム・サラリーマン」と挨拶しても通じません。エンジニアやドライバーなど職業名で言うか、「アイ・ワーク・フォー・〇〇（社名）」などと説明すれば通じます。

「トイレ」も「フロント」も外国人には通用しない？

● トイレは便器、フロントは前を意味する

　トイレはトイレットの略ですが、アメリカ英語でトイレといえば「**便器**」のこと。そのため、「私はトイレを探している」「トイレはどこですか？」と英語で言った場合、「便器を探している」「便器はどこ？」という意味になります。

　英語圏でトイレに相当する場所は、「ラバトリー」「バスルーム」「レストルーム」です。バスルームは、風呂とトイレが一緒にあることからこう呼ばれ、レストルームは休憩室という意味もあります。

　また、日本では、ホテルの受付をフロントと呼びますが、これは英語で正面や前面という意味。英語圏ではホテルや病院の受付を「レセプション」と呼ぶので、フロントの場所を聞くなら言い換える必要があります。

　さらに、マンションも日本と海外とでは意味が異なります。日本では大型の集合住宅を指しますが、英語圏では豪邸という意味になります。

　なお、アパートは英語で「離れた」という意味。共同住宅を意味する場合は「アパートメント」か「アパートメントハウス」を使います。

NG会話例:
- 海外のレストランやデパートでトイレの場所を聞くときは、どう言えばいいの?
- 「トイレはどこですか?」は英語で「ウェアー・イズ・ア・トイレ?」だよ。

海外で通用しない和製英語〈場所・乗り物編〉

和製英語	通じる英語
ユニットバス	モジュラバス
ビジネスホテル	エコノミーホテル
バンガロー	キャビン
ペンション	コテージ
ゲームセンター	ペニーアーケード、アミューズメント・アーケード
リサイクルショップ	セカンドハンドストア
オープンカフェ	サイドウォークカフェ
ドリンクバー	※欧米にはないので通じない
ホーム(駅)	トレイン・プラットフォーム
サービスエリア	レストストップ

ひとことメモ

ガソリンスタンドの場合、ガソリンもスタンドも英語なので使えそうに思えますが、海外では通じません。英語圏では、ガソリンは「ガス」と略され、給油所は「ガス・ステーション」と呼ばれています。

アメリカで「アメリカンドッグ」は食べられない？

● **アメリカでは「コーンドッグ」が正解**

　ソーセージに串を刺し、小麦粉などで作った衣をつけて油で揚げたアメリカ発祥の食べ物を、日本人は「アメリカンドッグ」と呼んでいます。ドッグは「犬」でなく「ホットドッグ」からとったもので、日本独自のネーミングです。

　アメリカ生まれの食べ物とはいうものの、和製英語なのでアメリカでアメリカンドッグを買い求めてもありません。相当するものは、衣にコーンミールを使った「**コーンドッグ**」です。

　また、シュークリームは、フランス語の「シュ」と英語の「クリーム」を合わせた和製外来語。フランスでも英語圏でも通じません。それどころか、英語圏の人には「靴のクリーム（shoe cream）」という意味に受けとられてしまいます。

　さらに、自分で料理をとって好きなだけ食べられる形式の食べ方を日本ではバイキングと呼んでいますが、これも和製英語。「この日本人、『海賊』ってしゃべっているぞ」と不思議に思われることでしょう。フライドポテトも外国人には通じないので、オーダーするときは「フレンチフライズ」と言いましょう。

NG会話例

アメリカでファストフードを注文するとき、きちんと通じるか心配だわ。

大丈夫、簡単。たとえば「アメリカンドッグ、プリーズ！」と言えば通用するよ。

海外で通用しない和製英語
〈食べ物・飲み物編〉

和製英語	通じる英語
ペットボトル	プラスチックボトル
オードブル	アペタイザー
デコレーションケーキ	デコラテッドケーキ、ファンシーケーキ
ホットケーキ	パンケーキ
モーニングサービス	ブレックファーストスペシャル
ココア	ホットチョコレート
レモンティー	ティー・ウィズ・レモン
ソフトクリーム	ソフトサーブ、アイスクリームコーン
シュークリーム	クリームパフ
ピーマン	グリーンペッパー

ひとことメモ

浅く焙煎したコーヒー豆で入れた「アメリカンコーヒー」をアメリカで飲むときは注意が必要。アメリカンコーヒーは日本人が考えたネーミング。薄いコーヒーを飲みたいときは、「ウィークコーヒー」と注文しましょう。

英語圏では「ワイシャツ」や「パーカー」は売っていない？

● **ワイシャツはシャツ、パーカーはフーディ**

　ファッション用語にも和製英語は多くあります。ワイシャツは「ホワイトシャツ」を「ワイシャツ」と、日本人が誤って聞きとったことから命名されました。海外では、「**シャツ**」または「**ホワイトシャツ**」、カラーシャツなら「ブルーシャツ」と言えば通じます。また、男性がオフィスで着るシャツなら「ドレスシャツ」「ビジネスシャツ」と言えばOKです。

　フードつきの上着であるパーカーも英語圏では使いません。日本人がいうところのパーカーは、フードがついているという意味で「**フーディ**」と呼ばれています。

　また、アメリカでトレーナーといえば、スポーツのコーチや動物の調教師のこと。英語では「スウェットシャツ」「スウェットパンツ」と呼びます。スウェットは「汗」を語源とする言葉で、吸湿性の高い厚手の布で作られた生地の洋服を指します。

　さらに、意外かもしれませんが、女性の洋服のワンピースも和製英語。英語圏では、「ドレス」といえばワンピースも含まれています。

イギリスに行った際にシャツを買いたいんだけど、店で何て言えばいいの?

ワイシャツは英語だから「ワイシャツください」って言えばいいんじゃないの?

海外で通用しない和製英語
〈ファッション編〉

和製英語	通じる英語
フリーサイズ	➡ ワン・サイズ・フィッツ・オール
ペアルック	➡ マッチングアウトフィッツ
マフラー	➡ スカーフ
サンダル	➡ フリップフロップ
チャック、ファスナー	➡ ジッパー
パンツ(下着)	➡ アンダーウェア
セカンドバッグ	➡ クラッチ、パウチ
ノースリーブ	➡ スリーブレス
ノーメイク	➡ ウィズアウト・メイキャップ
ノーブランド	➡ ジェネリック・ブランド

ひとことメモ

英語圏の人に、コインランドリーという言葉を使ったら、「えっ、硬貨を洗うの?」と驚かれることでしょう。アメリカでは「ランドロマット」といい、イギリスでは「ランドレッド」というケースもあります。

パート4
おさらいテスト

理解度を確認するテストです。さっそく挑みましょう。

問1 次の用語と意味の組み合わせのうち誤っているものを選び、記号で答えなさい。

ア アセット　　　　　　＜意味＞預金、株式、不動産などの資産。
イ ガバナンス　　　　　＜意味＞政府が国民を統治すること。政府。
ウ ファンダメンタル　　＜意味＞経済動向を知るための基礎的な指標。
エ インセンティブ　　　＜意味＞人の意欲を引き出すための刺激的な方法。

解答欄

問2 次の文章の＿＿線部の使い方として間違っているものを選び、記号で答えなさい。

ア この提案は単なる思いつきでなくエビデンスにもとづいたものです。
イ この提案は営業部のコンセンサスを得ています。
ウ この提案はプライオリティに承認されたものです。

解答欄

問3 次の意味を表すカタカナ語を選び、記号で答えなさい。

＜意味＞処理しなくてはいけない仕事、作業。

ア プロジェクト
イ スキーム
ウ タスク

解答欄

問4 意味を見て、文字を並び替えなさい。

<意味>持続可能な

ナブサスルテ

解答欄

問5 次の文章で間違った使い方をしているものを選び、記号で答えなさい。

ア キミにはITを使いこなすリテラシーが必要だ。
イ キミには新規リテラシーに挑んでもらうよ。
ウ コンプライアンスを重視した経営を行なう。
エ 弊社にはコンプライアンス教育が必要です。

解答欄

問6 次の用語と意味の組み合わせのうち、誤っているものを選び、記号で答えなさい。

ア コミット <意味>深く関わること、約束すること。
イ ナレッジ <意味>組織にとって有益な知識。
ウ ソリューション <意味>改革すること、改正すること。

解答欄

解答は 204 ページへ

問7 次の意味を表すカタカナ語を選び、記号で答えなさい。

<意味>多様な人材を活用しようとする考え方

ア　オートメーション
イ　グローバリゼーション
ウ　ダイバーシティ

解答欄

問8 次の文章の___部の意味を選び、記号で答えなさい。

海外事業の<u>スキーム</u>を完成させる。

ア　しくみや基本計画
イ　要点
ウ　有益な知識

解答欄

問9 次のカタカナ語と意味の組み合わせのうち、誤っているものを選び、記号で答えなさい。

ア　オーソライズする　<意味>組織化する、計画する
イ　ローンチ　　　　　<意味>立ち上げる、開始する
ウ　インターフェイス　<意味>接点、仲介する

解答欄

問10 次の意味を表すカタカナ語を選び、記号で答えなさい。

<意味>手数料、料金、費用

ア バジェット
イ フィー
ウ チャージ

解答欄

問11 次の意味を表すカタカナ語を選び、記号で答えなさい。

<意味>インターネット経由の資金集め

ア ウェアラブル
イ ファンドマネジメント
ウ クラウドファンディング
エ エネマネ

解答欄

問12 次のカタカナ語のうち、海外で通用しない和製英語を選び、記号で答えなさい。

ア パンケーキ
イ ノートパソコン
ウ キャッチフレーズ
エ アドバンテージ

解答欄

解答は 204 ページへ

パート4
おさらいテストの答え

| 問1 | イ | 問2 | ウ |

| 問3 | ウ | 問4 | サステナブル |

| 問5 | イ | 問6 | ウ |

| 問7 | ウ | 問8 | ア |

| 問9 | ア | 問10 | イ |

| 問11 | ウ | 問12 | イ |

本書であなたの語彙力は、どれだけ UP したでしょうか。
テストにチャレンジして、最後の判定を見てみましょう。

問題① 意味を見て、言葉を並び替えなさい。

(各2点)

(1) その人の力量に対して、与えられた役目が不相応に軽いこと

く　く　や　そ　ぶ

(2) 物事の本質を捉えた見方

た　み　が　う　た　か　っ

(3) 肯定的・積極的な意志を表す言葉

な　で　は　か　や　さ　い　ぶ

(4) 複数の人がひとつの建物や場所に集まること

る　い　か　に　す　ど　ち　う　い

問題② A、Bのうち表現の正しいほうを記号で選びなさい。

(各2点)

(1) 采配を　　A　振るう
　　　　　　B　振る

(2) ムダな会議を減らし　A　能率
　　UP を目指す　　　　B　効率

(3) この報告書の内容は　A　おざなり　　だ
　　　　　　　　　　　　B　なおざり

(4) A　従来より　　弊社では〜
　　B　かねてより

(1)	(2)	(3)	(4)

問題③ 文章の（1）〜（5）に入る言葉を選び、記号で答えなさい。

（各2点）

　本日、取引先のA社で（　1　）の不祥事が発覚しました。顧客データの漏洩です。社長は、A社に対し（　2　）であるとコメントを出しました。現在、経営陣が緊急会議を開き、対応を検討しています。なお、今後の営業（　3　）は、大幅に転換されることが予想されます。
　（　4　）ですが、経営陣の議論が（　5　）まで、社としての方針はまとまりません。この件は絶対に口外しないしないようにしてください。

A　煮詰まる

B　言わずもがな

C　前代未聞

D　遺憾

E　戦略

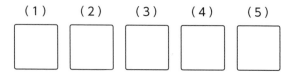

208

問題④ 漢字と読みの組み合わせが合うように、線で結びなさい。

(各2点)

豪奢・　　　　・かしゃく

慧眼・　　　　・がんしゅう

含羞・　　　　・ごうしゃ

呵責・　　　　・かし

瑕疵・　　　　・けいがん

問題⑤ 意味を見て、漢字で書きなさい。

(各3点)

(1) ほてん ／ 不足を補って埋める

☐ ☐

(2) せっしょう ／ 商談における談判や駆け引き

☐ ☐

(3) いたけだか ／ 偉そうで高圧的な態度

☐ ☐ ☐

問題⑥ A、Bのうち、正しいほうを記号で選びなさい。

(各2点)

(1) A 刃傷沙汰
    B 人情沙汰

(2) A 侃侃囂囂
    B 喧喧囂囂

(3) A 恙なく
    B 筒がなく

(4) A 破綻
    B 破歎

(1)	(2)	(3)	(4)

問題⑦

丁寧な表現への言い換えのうち、誤っているものを選びなさい。

(各2点)

(1) A 少し → ちょっと
　　B もうすぐ → 間もなく

(2) A とんでもない
　　　→ とんでもございません
　　B 粗品です
　　　→ ほんの心ばかりですが

(3) A 利用しますか
　　　→ ご利用になりますか
　　B 記入して
　　　→ ご記入ください

(4) A 遠慮します
　　　→ ご遠慮いたします
　　B トイレに行きます
　　　→ おトイレに行かせていただきます

(1)	(2)	(3)	(4)

問題⑧

表の空欄に入る文字を選びなさい。

(各2点)

通常の言葉	丁寧な言葉
きょう	ほんじつ
きのう	さくじつ
あした	(1)
(2)	せんじつ
ことし	ほんねん
きょねん	(3)

A さくねん

B みょうにち

C こないだ

(1) (2) (3)

問題⑨ 次の敬語の誤りを正しい表現に直しなさい。

(各3点)

(1) ○○社長様はいますか？

(2) 参考にさせていただきました

(3) 2000円になります

問題⑩ カタカナ語と意味の組み合わせが合うように、線で結びなさい。

(各2点)

ウェアラブル ・　　　・資産運用

アカウンタビリティ・　　　・企業や経営者が担っている説明責任

アセットマネジメント ・　　　・解決策、解決方法

ローンチ ・　　　・小型のコンピュータ

ソリューション ・　　　・開始、立ち上げ

問題⑪

次の言葉のうち、海外で通用しないものを4つ選びなさい

(各1点)

(1) アポ

(2) キャッチフレーズ

(3) ガムテープ

(4) パンケーキ

(5) アンダーウェア

(6) リストラ

(7) ホットチョコレート

(8) ボディランゲージ

(9) ドリンクバー

(10) スカーフ

問題⑫ 会話文の(1)〜(5)に入る言葉を選び、記号で答えなさい。

(各2点)

社長 次年度から、固定給や役職給に加えて（ 1 ）を付けることにした。
部長 ということは、営業実績に応じて、報奨金が出るということでしょうか。
社長 そのとおりだ。これはすでに取締役会の（ 2 ）を得ている。
部長 社員がやる気を出しそうですね。
社長 ただし、全体の業務量は増える。（ 3 ）の高低を見誤らないようにチェックしてもらうぞ。
部長 わかりました。さっそく、部の事業（ 4 ）を策定します。
社長 そうだな。事業の（ 5 ）が不足しないよう、予算組みは慎重にしてくれたまえ。

A コンセンサス

B バジェット

C インセンティブ

D プライオリティ

E スキーム

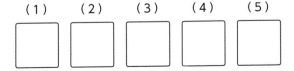

解　答

問題 1
(1) やくぶそく
(2) うがったみかた
(3) やぶさかではない
(4) いちどうにかいする

問題 2
(1) B
(2) A
(3) A
(4) B

問題 3
(1) C
(2) D
(3) E
(4) B
(5) A

問題 4

豪奢 — ごうしゃ
慧眼 — けいがん
含羞 — がんしゅう
呵責 — かしゃく
瑕疵 — かし

問題 5
(1) 補填(または、補塡)
(2) 折衝
(3) 居丈高

問題 6
(1) A
(2) B
(3) A
(4) A

問題 7
(1) A
(2) A
(3) B
(4) B

問題8
(1) B
(2) C
(3) A

問題9
(1) ○○社長はいらっしゃいますか？
(2) 勉強になりました
(3) 2000円でございます
　　（または、2000円です）

問題10

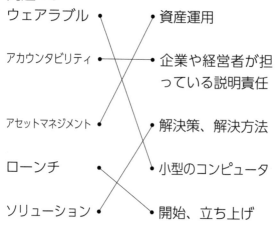

問題11
(1)、(3)、(6)、(9)

問題 12

(1) C
(2) A
(3) D
(4) E
(5) B

判 定	
100 点	あなたは、非常に高い語彙力を有しています。
80 ~ 90 点台	惜しい！ 間違えた問題をおさらいしましょう。
60 ~ 70 点台	もう少しがんばりましょう。本書を読み返してみては？
40 ~ 50 点台	語彙力が不足しています。本書をはじめから読み直しましょう。
30 点台以下	……あなた、本書をまだ読んでいませんね？

■**参考文献**

『日本語の練習問題』出口汪(サンマーク出版)
『早わかり入試頻出評論用語』出口汪・横山雅彦(語学春秋社)
『みんなの日本語事典』中山緑朗・飯田晴巳・陳力衛・木村義之・木村一編(明治書院)
『三省堂実用 慣用句の辞典 新装版』倉持保男、阪田雪子編(三省堂)
『すぐに役立つ慣用句用例新辞典』現代言語研究会(あすとろ出版)
『新版金田一先生の日本語○×辞典』井上明美編(学習研究社)
『あっ便利!敬語早わかり辞典』学研辞典編集部編(学習研究社)
『勘違いことばの辞典』西谷裕子編(東京堂出版)
『何でも読める難読漢字辞典』三省堂編修所編(三省堂)
『似た言葉使い分け辞典』類語研究会編(創拓社)
『ビジネスマンのための違いのわかる事典』PHP研究所編(PHP研究所)
『入社1年目の国語力大全』日本エスプリ研究会(宝島社)
『句読点、記号・符号活用辞典。』小学館辞典編集部編(小学館)
『超訳「カタカナ語」事典』造事務所(PHP研究所)
『恥かき誤用漢字を退治する本』坂梨隆三・志田唯史(講談社)
『読めそうで読めない漢字2000』加納喜光(講談社)
『読めそうで読めない間違いやすい漢字』出口宗和(二見書房)
『謎だらけの日本語』日本経済新聞社編(日本経済新聞出版社)

【著者紹介】
出口 汪（でぐち・ひろし）

『1955年東京生まれ。関西学院大学大学院文学研究科博士課程単位取得退学。広島女学院大学客員教授、論理文章能力検定評議員、出版社「水王舎」代表取締役。現代文講師として、予備校の大教室が満員となり、受験参考書がベストセラーになるほど圧倒的な支持を得ている。また「論理力」を養成する画期的なプログラム「論理エンジン」を開発、多くの学校に採用されている。著書に『出口汪の「最強！」の記憶術』『出口のシステム現代文』『子どもの頭がグンと良くなる！国語の力』『芥川・太宰に学ぶ 心をつかむ文章講座』(以上、水王舎)、『出口汪の新日本語トレーニング』(小学館)、『日本語の練習問題』(サンマーク出版)、『出口汪の「日本の名作」が面白いほどわかる』(講談社)、『ビジネスマンのための国語力トレーニング』(日経文庫)、『源氏物語が面白いほどわかる本』(KADOKAWA)、『頭がよくなる！大人の論理力ドリル』(フォレスト出版)、『やりなおし高校国語・教科書で論理力を・読解力を鍛える』(筑摩書房)など。小説に『水月』(講談社) がある。

公式ブログ
「一日生きることは、一日進歩することでありたい」
http://ameblo.jp/deguchihiroshi/

オフィシャルサイト
http://www.deguchi-hiroshi.com/

ツイッター
@ deguchihiroshi

◎出口汪の「頭が良くなる無料メルマガ」登録受付中。

出口汪の大人の語彙力トレーニング

2018年7月10日　第一刷発行

著者	出口　汪
編集・構成	造事務所
発行人	出口　汪
発行所	株式会社水王舎
	〒160-0023
	東京都新宿区西新宿 6-15-1
	ラ・トゥール新宿 511
	電話 03-5909-8920
カバー印刷	歩プロセス
印刷	大日本印刷
製本	ナショナル製本
編集統括	瀬戸起彦（水王舎）

落丁、乱丁本はお取り替えいたします。

©Hiroshi Deguchi,ZOU JIMUSHO 2018 Printed in japan
ISBN978-4-86470-105-1 C0095